청춘의
기술

청춘의 기술

초판인쇄 2018년 11월 30일
초판발행 2018년 11월 30일

지은이 문현우
펴낸이 채종준
기획 · 편집 이강임
디자인 홍은표
마케팅 문선영

펴낸곳 한국학술정보(주)
주 소 경기도 파주시 회동길 230(문발동)
전 화 031-908-3181(대표)
팩 스 031-908-3189
홈페이지 http://ebook.kstudy.com
E-mail 출판사업부 publish@kstudy.com
등 록 제일산-115호(2000. 6. 19)

ISBN 978-89-268-8601-4 13330

청춘용자
勇者
2
이렇게 살아도 돼

청춘의 기술

문현우 지음

이담
Books

저는 금수저입니다.

아버지는 IMF 때 사업에 실패하셨고,

부모님은 이혼하셨으며,

중학교 3년간 엄마와 고시원 방에 살면서

방황 끝에 실업계 고등학교에 진학했습니다.

무대공포증과 자신감 결핍 덩어리에

군대 모집병마다 탈락하고,

매 학기마다 쌓인 학자금 대출의 빚에

남들 다 가는 어학연수 같은 건 먼 나라 이야기였던…

이런 제가 왜 금수저냐고요

흙수저의 흙을 털어내자 그 안에 반짝거리는

금수저가 있다는 사실을 알게 되었기 때문입니다.

2001년, 고시원 방을 나와 붉은 악마에 가입하였고,
아리랑을 응원가로 부르며 방황을 극복했습니다.
(이 계기로 인해 훗날 중국 동북공정에 맞서
세계 일주를 하며 세계에 아리랑을 알렸다).
실업계 고등학생이었지만 스튜어드라는 꿈을 갖고
실업계 고등학생은 1명만 뽑는 경기대 관광경영학과에
34대 1의 경쟁률을 뚫고 합격하였고,
대학 연극 동아리에서 2편의 연극을 올리면서
무대공포증을 이겨냈으며
육군 포병으로 병영문학상 국방부장관상을 받고,
학자금 대출의 빚에서 학과 수석으로 거듭나
1,400만 원이 넘는 장학금을 받았으며
기업, 지자체의 해외봉사 프로그램 등에 지원하여
13번이 넘게 무료로 해외를 누볐습니다.

이런 제가 카이스트 사회적 기업가 MBA에 수학하며
남은 흙을 털어내고 더욱 반짝반짝한
금수저로 성장할 수 있도록 기회를 주세요.
감사합니다.

* * *

5차에 걸친 긴 전형을 넘으며 떨리는 마음으로 전한 자기소
개의 말이다. 결국 나는 카이스트 사회적 기업가 MBA에 최
종 합격하였고, 학기당 1,200만 원이 넘는 학비를 SK에서
전액 지원받으며 2년간 성장할 수 있는 기회를 잡았다!

개인 페이스북에 올라온 이 글은 좋아요 8,264명, 공유 341회, 댓글 467개가 달렸습니다.

아마 이 책을 펼치면서 문현우라는 사람은 도대체 어떤 청춘을 보냈길래 '기술'이라는 단어까지 써가며, 청춘의 시간을 잘 보내기 위해서는 어떤 '기술'이 필요하다고 말하는 걸까 불신 반 궁금증 반으로 책을 펼치는 분도 있으리라 생각합니다.

이 책은 흙수저였던 제가 제 안에 숨겨져 있던 금수저를 발견해가는 여정과 그 과정에서 발견한 7가지 청춘의 기술을 56가지 키워드로 소개하고 있습니다. 아무것도 가진 것 없이 힘겹게 청춘의 고개를 넘는 청춘들에게 조금이라도 먼저 그 시간을 지나온 제 이야기가 조금이나마 힘이 되길 바라면서 제가 몸으로 부딪히며 깨달은 온갖 꿀팁을 담았습니다. 제 이야기가 정답은 아닐지라도 '아, 이렇게 살 수도 있구나.' 하는 하나의 희망이 되길 바라봅니다.

제가 닮고 싶어하는 백범 김구 선생님은 서산대사의 선시(禪詩)를 좌우명으로 삼았다고 합니다. 제 마음을 담아 그 시를 인용하면서 제 이야기를 시작하려 합니다.

눈 덮인 들판을 걸을 때
함부로 어지러이 걷지 말라.
오늘 내가 남긴 발자취는
뒤에 오는 사람에게는 이정표가 될 것이니.

1
첫 번째 기술

결핍
흙수저 속 금수저를 발견하는 기술

2
두 번째 기술

스토리
경험을 막강한 무기로 만드는 기술

3
세 번째 기술

목표
내가 원하는 나를 만드는 기술

4
네 번째 기술

자신감
실패를 무서워하지 않는 기술

5
다섯 번째 기술

실행
상상하던 것을 현실로 만드는 기술

6
여섯 번째 기술

꾸준함
그럼에도 불구하고 앞으로 나아가는 기술

7
일곱 번째 기술

동행
시너지를 불러오는 기술

하늘에 계시는 외할머니 전정숙 여사님에게

1

첫 번째 기술

결핍

/

흙수저 속
금수저를 발견하는 기술

청춘용자
[勇者]
이렇게 살아도 돼

자신만의 길을 만들어가는
용감한 청년들의 진짜 스토리

청춘의 기술 7 skills

결핍

스토리

목표

자신감

실행

꾸준함

동행

고시원에서 호그와트 마법학교까지

"나는 모든 게 다 콤플렉스였다. 콤플렉스가 없어 고민이 없는 사람은 자칫 깊이가 없을 수도 있다. 반면 콤플렉스로 고민하는 사람은 보석이 될 확률이 높다. 콤플렉스는 신이 준 선물이라고 생각한다."

- 부활 기타리스트 김태원

누구에게나 아무에게도 말하고 싶지 않은 부끄러운 기억이 하나쯤 있을 것이다. 유복한 집안은 아니었지만, 하나뿐인 외동아들에 대한 지극정성으로 나는 중학생 때 말레이시아로 조기유학을 떠났다. 뜨거운 동남아시아의 낯선 환경 속에서 1997년부터 1999년까지 영어도 배우고, 새로운 세계에 대한 견문도 넓히며 나름 알찬 시간을 보냈다. 그렇게 3년을 보내고 나는 한국으로 되돌아왔다. 말레이시아의 후덥지근한 날씨와는 달리 한국은 추운 겨울이었다. 그해 겨울이 뼛속까지 시리도록 춥게 느껴졌던 건 다른 이유도 있었다. 당시 우리 집은 아버지의 사업실패로 인해 심각한 가정불화를 겪고 있었다.

아버지와 어머니 사이는 돌이키기 힘들 정도
로 냉랭해졌고, 급기야 내 눈앞에서 이혼서
류에 도장을 찍으셨다. 말레이시아에서
돌아와 중학교 1학년이던 나에게 1999
년의 겨울은 내 인생 중 가장 슬프고 혹
독한 겨울이었다.

어머니와 함께 신림동 반 지하방을 전
전하다 경기도 안양에 있는 어느 고시원 방에
정착하게 되었다. 정확히 2평 남짓한 공간으로, 어머니와 내가 누우
면 방이 가득 찰 정도였다. 고시원이라 함은 원래 집중해서 고시공
부를 하는 곳이지 한 가족의 보금자리가 될 수 있는 장소는 아니었
다. 하지만 창공을 향해 날갯짓을 시작할 나이인 사춘기 소년이 사
방이 벽인 작은 공간에 둥지를 틀고 웅크린 채 살아야 했으니 그때
의 심정이란 경험해보지 못한 사람은 아마 상상도 못할 것이다. 그
러던 어느 날, 그럼에도 밝게 생활하던 나에게 충격을 던져준 사건
이 일어났다. 사실 말이 '사건'이지 정말 사소한 일이었다. 하지만 당
시 사춘기였던 나의 마음에 상처를 주기에 충분한 말이었다. 노래듣
기를 좋아하던 나는 어느 유명가수의 노래를 따라서 흥얼거리고 있
었는데 옆방의 고시생이 갑자기 방문을 벌컥 열면서 이렇게 한마디
를 했다.

"여기가 너희 집이냐? 여긴 공부하는 곳이야!"

비록 2평 남짓한 작은 공간이었지만, 사랑하는 어머니와 함께 살고 있는 곳이었기에 나는 그곳을 내 집이라 여기며 살았는데, 낯선 사람에게서 그곳이 내 집이 아니라는 말을 들었을 때 마음속에서 천둥이 내리쳐 꽂히는 느낌이었다. 그날부터 나는 고시원 방을 뛰쳐나와 거리를 방황하기 시작했다. 더 이상 내 집도 아닌 좁은 고시원 방에 있을 수가 없었다. 새장에 갇혀 그곳이 전부인 줄 알고 행복해 하던 어린 새가 새장 밖으로 뛰쳐나와 진짜 세상을 경험하기 시작한 것이다.

나는 아직도 고시원 방에 살던 그때의 기억이 생생하다. 철이 들기까지 이 이야기는 정말 친한 친구 외에는 하지 못했다. 그만큼 숨기고 싶고, 잊고 싶은 기억이었다. 하지만 해리포터를 보고 내 생각이 바뀌었다. 해리는 어려운 상황에서도 희망을 잃지 않고, 벽을 문으로 만들었다. 내가 고시원이 아닌 넓은 집에서 남부럽지 않게 살았더라면, 나에게선 벽을 문으로 만들었다. 그 시절은 나에게 매우 힘든 시기였지만, 지금은 그때의 고시원 방 생활이 너무나 감사하다. 지금의 '문현우'라는 사람을 소개할 스토리를 만들어 준 곳이기 때문이다.

나는 해리포터가 꿈을 이루기 위해 벽으로 돌진하여 벽을 문으로 만든 스토리를 사람들에게 나 자신을 소개할 때 즐겨 사용한다.

"저는 유년시절 아버지의 사업실패로 인해 쫓겨나듯이 집을 나와 어머니와 고시원 방에서 살게 되었습니다. 하지만 해리가 호그와트 마법학교로 가기 위해 킹스크로스 역의 벽을 문으로 만들었듯이, 저도 사방이 벽뿐인 고시원 방에 꿈을 향해 창공으로 날아오를 문을 만들어내는 기적을 이루었습니다."

이렇듯 내 유년시절의 결핍은 해리포터의 스토리에서 영감을 얻어 나의 감동적인 스토리로 재탄생된다. 물론 고시원 방에 살던 그때는 알지 못했다. 그 결핍이 오히려 지금의 나를 더 빛나고 당당하게 만들어줄 기가 막힌 스토리가 되리란 것을.

모든 자서전에는 역경을 극복한 이야기가 단골처럼 나온다. 만약 당신에게 부끄러운 기억이나 콤플렉스가 있다면, 그 말인즉 당신도 자서전의 주인공이 될 수 있다는 말이고, 흙수저처럼 보이는 삶을 바꿀 만한 반짝반짝한 금수저가 당신의 삶 속에 숨겨져 있다는 말이다. 역경을 극복한 자신만의 스토리를 가진 사람은 상대방의 마음을 얻어 모든 닫힌 문을 열 수 있다.

심장을 쫄깃하게 만들었던 기억이 스토리가 된다

"오랫동안 꿈을 그리는 사람은 마침내 그 꿈을 닮아간다."

– 프랑스 소설가 앙드레 말로

나의 사춘기는 '방'과 인연이 깊다. 고시원 방에 살며 옆방 고시생에게 시끄럽다고 면박을 당한 이후 PC방, 노래방 등의 방을 오가는 것이 방과 후 내 일상이 되었다. 나름 건전한 방황이었다고 합리화하고 싶지만 분명 평범한 학생들과는 다른 일상이었다. 학원을 다니지도 않았고, 도서관에 간 적도 없고, 야간 자율 학습을 한 기억도 없다. 결국 나는 '방방' 떠돌던 끝에 특성화고등학교에 진학하게 되었다.

고등학교 2학년 때까지 내 생활은 크게 달라지지 않았다. 친구들과 하루가 멀다 하고 '방'들을 순회하며 놀러 다녔다. 그 날도 방안에 앉아 혼자 컴퓨터를 하고 있었는데, 갑자기 마음이 참을 수 없이 답답해졌다. 그때 혼자 말레이시아로 가던 비행기 안이 떠올랐다. 상냥한 승무원들이 지극정성으로 나를 보살펴주었던 기억과 그들의 미소를 떠올리며 나는 마치 혼자 해외로 떠나던 꼬마 신사로 되돌아간 듯 편안한 기분이 들었다. 그때를 상상하는 것만으로도 답답했던 마음이 순식간에 평온을 되찾았다. 나는 검색창에 '남자승무원'을 쳐 보았다. '스튜어드'라고 불리는 이 직업은 여자승무원인 스튜어디스가 감당하기 힘든 부분까지 보완하는 남자승무원을 가리킨다. 한참 검색을 하던 나에게 눈을 커지게 만드는 글 한 줄이 보였다.

'남자승무원은 4년제 대학 졸업자에 한함'

그렇게 놀았지만 특성화고등학교였기에 나는 학교에서 중상위권의 성적을 유지하고 있었다. 하지만 그 성적으로 원하는 4년제 대학에 진학하는 일은 불가능한 것이 현실이었다. 하지만 꿈이 생겼기에 망설일 것이 없었다. '방방' 뛰어다니던 나는 그날 이후로 방과 후 '공부방'이라는 곳에 다니기 시작했다. 한 발자국을 내딛자 점차 다른 변화들도 일어났다. 꿈이 있었기에 공부가 지루하지 않았다. 수능을 잘 봐서 내 꿈에 한 발자국 더 다가서겠다는 원대한 포부가 나를 끊임없이 다그쳤다.

나는 3개의 대학을 목표로 삼았다. 남자승무원이 되려면 '영어영문학과' 혹은 '관광경영학과'에 가야하는데, 나는 관광경영학을 전공하고 복수전공으로 영문학을 전공해 내 꿈에 걸맞는 인재로 거듭나고 싶었다. 관광학과를 검색해보고 나서 나는 경기대, 경희대, 세종대를 목표 대학으로 정했다. 모두 관광학과로 유명한 학교들이었다.

그중에서도 경기대학교가 내 점수로 합격할 가능성이 가장 컸다. 하지만 경기대는 수시 미충원 인원에 한해서만 정시로 실업계 특별전형을 뽑는다는 게 아닌가? 그나마 가능해보이던 목표가 사라지는 것처럼 보였다. 그래도 나는 실낱같은 희망을 붙잡고 수능에만 전념하자며 마음을 다잡았다.

수능 성적이 공개되고 경기대학교 관광학과 실업계 특별전형으로 딱 한 자리가 나왔다. 한 자리라니… 그 자리에 합격하는 것이 가능할까? 그럼에도 나는 원하던 학교와 학과에 지원하기로 마음먹었다. 담임 선생님은 물론 주위의 모든 사람들이 반대했지만 나는 소신껏 그 한 자리에 지원했다. 마침내 모집이 마감되고 경쟁률이 나왔다.

'1명 모집, 34명 지원, 34:1의 경쟁률… 예비 4번'

'하나님, 저에게 왜 이런 시련을 주십니까.'라며 탄식했다. 지원한 다른 대학들은 이미 가망이 없었고, 그나마 예비 4번이 뜬 경기대학교가 유일한 희망이었다. 그런데 당시 내가 활동하던 인터넷 커뮤니티에 나와 같은 과 예비 2번 합격자가 있었다. 그는 자신의 처지를 한탄하는 듯한 글 끝에 만약 자기 차례가 돌아오면 반드시 등록하겠다고 호언장담했다. 나는 더 이상 가망이 없어 보였다. 그래서 다음을 기약하자는 마음으로 아르바이트로 모아둔 돈을 가지고 일본 여행을 계획했다.

그러던 중 어느 날, 커뮤니티에 글을 올렸던 예비 2번 합격자가 자신은 다른 대학교에 합격하여 거기에 등록할 예정이라면서 나에게 희망적인 메시지를 남겼다. 내심 기뻤지만 그렇다한들 예비 3번은 어찌하리오. 하루하루가 조마조마하게 외나무다리를 건너는 느낌이 었다. 그런데 여느 때처럼 아침잠에 빠져있던 나에게 모르는 번호로 한 통의 전화가 걸려왔다. 잠에서 덜 깬 목소리로 '여보세요' 하는 순간 수화기 너머로 "안녕하세요, 경기대학교"라는 인사말이 들려왔다. 그렇다! 고대하던 예비 4번 차례가 온 것이고, 나는 그토록 원하던 경기대학교 관광경영학과에 합격한 것이다.

이렇게 간을 졸이며 간신히 원하는 대학에 합격한 스토리 역시 시간이 지나자 내 중요한 스토리 중 하나가 되었다. 만일 원하는 대학에 한 번에 합격했다면 누군가에게 내 이야기를 재미있게 들려줄 수 있었을까? 심장이 쫄깃해지는 경험은 지나고 나면 짜릿한 스토리가 된다. 사람들은 흔히 이런 말을 한다. "지금은 웃으며 말하는데, 그때 얼마나 힘들었는지 알아?" 그렇다, 힘들어본 사람만이 웃으며 이야기할 수 있는 자신만의 스토리를 갖게 되는 것이다. 이렇게 만들어진 자신만의 스토리를 우습게 여기지 마라. 조각조각 난 스토리들을 제대로 엮으면 면접에서 필승 무기로 사용할 수 있는 자신만의 감동적인 히스토리가 된다.

KEYWORD 3
군대

끌려가듯 입대한 군대에서 국방부장관상을

"터닝 포인트는 누가 던져주지 않는다. 바로 본인이 만들어 나가는 것이다."

대학에 입학해 갓은 선배들과의 만남 자리에서 빠지지 않는 질문이 바로 "군대 언제 갈 거냐?"이다. 신입생 때 가장 듣기 싫었던 말역시 "군대나 가!"라는 말이었다. 어차피 갈 거 왜 이리 재촉하는지… 선배들이 참으로 야속했다. 게다가 선배들에게 군대 생활에 관해 물어보면 하나같이 시간만 때우다 왔다는 답변뿐이라 군대에 가는 것은 시간 낭비라는 생각이 머릿속에 가득했다. 아까운 시간을 2년이나 허비해야 한다니… 하지만 대한민국 남자라면 군대는 안 갈수는 없는 노릇이었다.

대학교 1학년생이었던 내가 며칠 동안 머리를 굴린 결론은 '나름자율성이 보장되는 곳으로 입대하자'였다. 한편으론 까불까불한 성격 탓에 "군대 가면 많이 맞겠다!"라는 말을 많이 들어서 그나마 자율성이 보장되는 곳으로 가자는 생각이었다. 그래서 지원한 것이 육군 카투사였다. 주말에 외출이 가능하고, 핸드폰 지참도 되고, 군 생활을 하면서 영어 실력까지 늘릴 수 있으니 시간 낭비를 하지 않아도 된다는 생각이었다. 토익 점수를 맞춰 지원했지만, 결과는 탈락이었다. 나는 대학 선배들을 만나 지레 짐작되는 암담한 군 생활에 대해 얘기하며 눈물을 훔치기도 했다. 그러나 포기하지 않고 다음으로 지원한 것이 복지병이었다. 복지병은 관광학과를 재학 중인 학생이 지원할 수 있는 특기병으로 전국 육군 소속 호텔, 콘도, 복지기관에 배치되어 프런트, 웨이터 등의 임무를 수행을 하게 된다. 전공도 살릴 수 있으니 카투사보다 더 나아 보이기도 했다. 하지만 이 역시 면접까지 간 끝에 탈락했다.

결국 나는 끌려가듯이 육군으로 입대했다. 무사히 훈련을 마친 나는 포병여단으로 자대 배치를 받았다. 포병여단에서 관측대대로 간 것이 그나마 위안거리였다. 처음 생활관에 들어가 멀뚱멀뚱 앉아있는 내 앞에서 선임들은 하나같이 애벌레처럼 TV 앞에 누워있었다. 그 모습이 내 2년 뒤 모습이라고 생각하니 심란해졌다. 나는 저렇게 되지 말아야지 결심하며 생활관을 둘러보던 그때 생활관 한편에 가득 쌓여있는 책들이 눈에 들어왔다. 고전부터 최신 베스트셀러까지 종류도 다양했다. 저 책들만 있으면 군 생활을 잘해낼 수 있을 것 같았다. 나는 일과 후 개인정비시간을 활용하여 쌓여있는 책들을 읽기 시작했다. 한 권, 한 권 다 읽은 책들을 독서노트에 기록하면서 어느덧 일기를 쓰는 습관까지 붙었는데 이것이 커다란 터닝 포인트였다. 그러던 어느 날, 매일 군인들에게 보급되는 국방일보를 읽다가 눈을 번쩍 뜨게 만드는 모집공고를 보게 됐다. 바로 '제7회 병영문학상' 모집공고였다. 나는 그때 군 생활을 7개월쯤 한 일병이었는데, 한창 읽고 쓰기를 반복하며 재미를 붙이던 때라 하늘이 주신 기회라고 생각했다. 나는 밑져야 본전이라는 생각으로 수필부문에 지원했다.

얼마나 지났을까? 행정반에서 일병 문현우를 호출하기에 '혼날 게 없는데 왜 부르지?' 하고 툴툴거리며 달려갔다. 쭈뼛거리며 들어서는 나에게 당직 사관이 국방일보를 가리키며 이거 혹시 너 아니냐고 물어왔다. 가리키는 곳을 보니 병영문학상 최종 당선자라는 제목 아래에 내 이름이 있었다. 동명이인이 아닐까 살펴보니 부대 명까지 정확히 일치했다. 병영문학상에 당선된 것이다! 아직 신병인 내가 국방부를 방문해 국방부장관상장을 받는다니… 당직 사관도 처음 본 일이라고 했다. 포상휴가는 물론이거니와 당시 월급이 10만 원도 채 되지 않은 나에게 100만 원이란 상금까지 덤으로 주어졌다. 이 외에도 나는 군에서 국가공인자격 취득은 물론 태권도 단증,

책 100권 독파, 국방일보 칼럼 기재 등등을 해내며 하루도 허투루 쓰지 않았다. 남들다가는 군대에서도 나는 나만

의 스토리를 만들어냈다.

인생의 터닝 포인트는 누가 던져주지 않는다. 바로 본인이 만들어 나가는 것이다. 나에게는 터닝 포인트가 없었다고 생각하는 사람이 있다면 터닝 포인트를 만들 기회를 찾으라고 말해주고 싶다. 무전여 행이 되었건, 해외봉사가 되었건, 군대가 되었건 기회를 만들고 행동 으로 옮겨 스스로 터닝 포인트를 만들라고 말하고 싶다. 여기서 가장 중요한 전제는 바로 행동이다. 기회는 항상 당신 곁에 있다.

무대공포증에서 3000명 앞 강연까지

"나는 중요한 숏을 놓친 것에 절대 개의치 않는다. 그것에 대해 생각하면 언제나 부정적인 결과만을 생각하게 된다."

- 농구선수 마이클 조던

"엄마가 나한테 해준 게 뭔데!"

연극 동아리에 가입한 나는 무대 위에서 패륜아 역을 연기하고 있었다. 나는 친구들 사이에선 나서기 좋아하고 까불기 좋아하는 장난꾸러기였지만, 선생님이 발표라도 시키면 얼굴이 빨개지고 손이 덜덜덜 떨리는, 무대공포증을 가진 자신감이 심히 결여된 학생이었다. 명절 날 집에 오신 이모부가 이런 조언을 해주기도 하셨다.

"대화를 할 때는 자신감을 가지고 상대방과 눈을 마주치는 거야."

자신감을 키우기 위해 중학생 때 검도부에 가입했지만 선배들의 얼차려 등을 견디지 못하고 나왔고, 붉은악마 활동을 하면서 만난 형

누나들과 돈독한 사이였지만 선봉에 나서서 응원을 주도할 기회를 찾지 못했었다.

그러다가 어느덧 대학생이 되었는데, 신입생 OT 때 학과에 많은 동아리가 있다는 사실을 알게 되었다. 관광학부답게 여행 동아리가 있는가 하면, 외식과 조리에 관심 있는 학생들을 위한 맛집 동아리는 물론 다양한 행사 이벤트를 기획하는 이벤트 동아리도 있었다. 마음 같아선 모두 가입하고 싶었지만, 그중에서도 나의 가슴을 두근거리게 만드는 동아리를 발견했다. 바로 '연극 동아리'였다. 이름도 참 근사했는데 무대와 일심동체라는 뜻으로 '무대소품'이란다. 하지만 신입생들은 연극 동아리에 지원하는 것을 그리 달가워하지 않았다. 이유는 단순했다. 매일 방과 후 모이는 것이 귀찮고 힘들었기 때문이다. 가입하기 위해서는 나름 오디션도 봐야 했지만 나는 망설임 없이 지원했고, 나를 포함한 9명의 신입생이 학과 연극 동아리 16기가 되었다. 동기들도 연극 동아리에 가입한 이유가 나서기 좋아해서라든가 연극을 사랑해서가 아니라 자기 안에 있는 또 다른 자신의 모습을 발견하고 자신감 넘치는 대학생활을 보내고 싶어서였다. 이후 2006년부터 2007년까지 2편의 연극을 무대에 올리고 후배들을 받아 가르치며 차츰 연극 동아리 선배가 되어갔다. 무대에 자신감 있게 올라가는 내 모습과 동기들이 후배들을 가르치는 모습을 보면 마음이 흐뭇했다. 그러는 사이 학교 수업에서도 발표를 도맡아 하게 되었다. 나는 내 안에 숨겨져 있던 자신감을 마음껏 뽐내고 있었다. 자신감 결여와 무대공포증이라는 단점을 이겨낸 내 자신이 대견스러웠다.

기회는 순식간에 찾아왔다. 군 생활을 마치고 다양한 대외활동을 하던 나에게 학교 신문사에서 인터뷰 요청이 들어온 것이다. 그 인터뷰 기사가 나가자 한 교수님이 내 연락처를 물어물어 연락을 해오셨다. 아무 이야기나 좋으니 후배들에게 좋은 이야기를 들려달라는 강연 요청이었다. 가슴이 두근거렸다. 내 이야기를 하는 것은 좋지만 많은 사람들 앞에 선다는 것이 부담이 되었다. 하지만 이미 연극을 통해 단련된 나 자신을 믿어보기로 했다. 연극 동아리를 통해 사람들 앞에 서는 자신감이 생기지 않았더라면 잡지 못했을 기회였다. 하지만 마이크를 잡으면 손이 너무 떨릴 것 같아 마이크 없이 하기로 말씀 드리고 강연을 성공적으로 마칠 수 있었다. 이전보다 한 단계 성장한 나 자신을 마주보는 것 같은 느낌이었다. 그렇게 잡은 한 번의 기회는 두 번째, 세 번째 기회가 되어 계속 나를 찾아왔다. 강연을 할 기회가 계속해서 생겼다. 한 번 두 번 무대에 설 때마다 점점 자신감이 붙었다. 사실 다섯 번째 강연 때까지 손이 떨려 마이크를 들고 강연을 할 수 없었지만, 자신감은 무대에 선 경험에 비례해 계속 상승했다. 그리고 마침내 마이크를 들고도 손이 떨리지 않는 순간이 찾아왔다.

아리랑 유랑단으로 세계 일주를 마치고 돌아왔을 때 1,000명 사람들 앞에서 강연을 할 기회가 생겼다. 대기실에서 무척 긴장되고 떨렸지만, 어느 순간 그 떨림마저도 즐기고 있는 내 모습을 발견했다. 40명의 반 친구들 앞에 서서 발표하는 것도 두려워했던 꼬마는 어느덧 담대한 자신감으로 1,000명 앞에서 강연하는 것도 즐길 줄 아는

여유를 갖게 되었다. 그날 이후 나는 1,500명이 모인 경기대 입학식 OT, 3,000명이 모인 강원대 입학식 등 무수히 많은 사람들이 모인 곳에서 당당히 강연할 수 있게 되었다

　누군가 어떻게 그렇게 변할 수 있었냐고 묻는다면 나는 먼저 자신의 부족한 점이 무엇인지를 분명히 인지해야 한다고 말한다. 그리고 그것을 변화시킬 도전을 바로 행동으로 옮기라고 말한다. 부족한 점

을 모른척하고 내버려둔다면 언제까지나 그것은 변하지 않고 그대로 있을 것이고, 현재의 자기 모습을 부정하며 살게 될지도 모른다고 말이다. 자신의 부족한 점을 정면으로 돌파한 스토리는 멋진 자기 스토리가 될 것이다.

학자금대출에서 1,400만 원 장학금 스토리로

> "꾸물거리지 마라, 위대한 행운의 기회는 짧은 것이다."
>
> – 로마시인 실리우스 이탈리쿠스

대학생 때 매 학기 나의 고민은 '이번 학기 학비는 어떻게 마련할까?'였다. 자취생이라면 학비에 방세까지 걱정해야 한다. 부모님을 의지할 상황이 아니라면 기댈 곳은 국가장학금과 같은 장학금뿐이다. 취업 후 학비 상환이라는 취지의 정책이 나왔지만 어쨌든 취업 후에 갚아야 하는 것이니 대학생에게는 빚일 수밖에 없다. 엎친 데 덮친 격으로 나는 대학 1~2학년을 연극동아리에 빠져있었기에 학점은 2점을 벗어나기 어려웠고, 학사경고의 위기도 가까스로 넘기는 수준이었다. 그러다 군대에 입대했고, 군 생활 동안 잊고 있던 학비에 대한 고민은 복학 준비와 동시에 다시 내 머릿속을 하얗게 만들었다. 나는 애당초 장학금이라는 것은 완전히 배제하고 있었다. 그 가장 큰 이유는 내가 특성화고등학교 출신이라는 이유에서였다. 내가 아무리 열심히 해봤자 야간자율학습 등으로 다져진 인문계고등학교를 나온 친구들을 따라갈 수 없을 거라는 막연한 열등감 때문이었다. 그런데 나는 이미 군대에서 한 번의 터닝 포인트를 경험했고, 나를 계발하는 방법을 터득한 후였다. 그래서 밑져야 본전이란 심정으로 장학금에 도전해 보기로 했다.

흔히들 남자는 군대를 다녀와서 복학할 때 최고점을 받는다고 하는데, 나도 그런 말의 주인공이 되고 싶었다. 먼저 나는 복학생 선배들에게 필살 장학금 노하우를 전수받았다. 방법은 의외로 간단했다. 우선 앞자리에 앉으라는 것이었다. 앞자리에 앉으면 교수님과 눈을 마주 볼 수밖에 없고 강의에 집중할 수밖에 없다는 것이다. 맨 뒤에 앉으면 카톡이 오건, 문자메시지가 오건 바로바로 확인할 수 있을 뿐더러 졸리면 자연스레 고개를 숙이고 잠도 청할 수 있다. 앞자리만 잘 선점했다면 장학금과 7할은 가까워졌다고 해도 무방하다.

다음으로 교수님이 리포트를 내주시면 1+1 전략을 사용하라는 것이다. 즉 하나를 주면 둘을 해오라는 것이다. 예를 들어 교수님이 아메리칸 에어라인에 대해서 조사해 오라는 리포트를 내주셨다면, 직접 아메리칸 에어라인 임직원을 만나는 것은 물론이거니와 담당자와의 인터뷰를 영상, 문서로 작업한다. 이를 교수님께 제출할 것과 수업을 듣는 학우들과 함께 볼 것까지 따로 만들어 오는 것이다. 리포트는 깔끔하게 바인더로 만들어 제출하고, 앞장과 뒷장은 컬러프린터로 출력해 코팅해야 한다. 보기 좋은 떡이 맛도 좋다는 옛말처럼 보는 사람에게 이 부분도 무시할 수 없는 부분이다.

결석과 지각은 역시 금물이다. 만약 부득이한 사정으로 결석하게 될 경우 빠지는 전주부터 교수님께 양해를 구하고 빠지는 당일 연락을 드려 재차 양해를 구한다. 그리고 다음 수업 때 출석하여 지난번 빠진 내용을 확인하고, 수업에 불참한 부분에 대해 자세히 설명 드린다. 말 한마디 없이 수업에 빠지는 것은 논외로 두고, '한 번 말했으면 됐지'와 같은 생각으로 안이하게 대처하면 교수님이 깜빡하실 경우 덤터기는 내가 쓰게 된다. 여러 번 말씀 드리는 것은 이 때문이다.

가장 중요한 것은 수업시간의 집중력이다. 나는 주로 노트북을 활용하는데, 워드를 실행해놓고 교수님의 말씀을 한 마디 한 마디 놓치지 않고 타이핑하거나 녹음한다. 그러면 시험 전날 정리해놓은 파일을 열어 그중에서 교수님이 중요하다고 말씀하신 부분만 뽑아 시험 예상문제지를 만들 수 있다. 또한 부가적으로 반장을 맡는 다든지, 조별 과제 때 팀장과 발표를 맡든지, 학기 초반 본인만의 명찰을 만들어 가슴에 붙여 교수님이 이름을 외우기 쉽게 만든다든지 얼마든지 다양한 방법으로 학생으로서의 열정을 교수님께 드러내야 한다.

이러한 노력으로 나는 3학년 1학기 복학과 동시에 4학년 2학기 마지막 학기까지 총 1,400만 원이 넘는 장학금을 받을 수 있었다. 한마디로 내 돈 한 푼 들이지 않고 4학기를 무료로 다닌 것이다. 물론 성적 말고도 다른 방법으로 장학금을 받을 수 있다. 집안 형편이 좋지 않은데 성적도 좋지 않다면 외부장학금을 잘 찾아보기 바란다. 학과 사무실을 기웃거려 외부장학금을 받는 방법 등을 찾아본다거나 학교 공지사항에 근근이 올라오는 공지를 잘 찾아봐야 한다. 기업체나

지자체 장학재단에서 지원해주는 장학금이 꽤 많지만, 정보를 찾아 내는 열정이 있는 사람만 받을 수 있다. 정보를 찾는 더듬이를 바짝 세우길 바란다.

나의 경우 노스페이스의 '네버 스탑 드리밍'이라는 장학금 지원 프로그램을 통해 100만 원을 받을 수 있었다. 나의 역경과 극복기를 있는 그대로 썼다. 시급 100만 원을 주는 알바로 기네스북에 등재된 알바인의 '청춘아 장학금 프로그램'에도 똑같이 지원하여 장학금을 받았었다. 부지런히 정보를 찾고 자신만의 스토리로 승부한다면 4학 기 장학금을 받은 나보다 더 많은 장학금을 받을 수 있다.

유학을 갈 수 없는 형편,
27번 해외로 떠나다!

> "네가 간절히 원한다면 넌 할 수 있어, 하지만 넌 하고 또
> 하고 또 해야 해 그럼 넌 마침내 할 수 있을 거야."
>
> — 〈인어공주〉 중에서

대학에 들어와 두 가지의 열등감이 있었다. 바로 학자금 대출의 빚과 유학을 갈 수 없는 형편이었다. 학비도 학자금 대출로 충당하고 있는 마당에 해외에 간다고 손을 벌리는 건 말도 안 되는 일이었다. 군대에서도, 복학해서도 내 주위 사람들은 교환학생이니 배낭여행이니 떠난다는 얘기뿐이었다. 많게는 몇 백에서 몇 천만 원까지 들어가는 비용을 내고 떠나는 그들이 너무나 부러웠다. 하지만 당장 내가 할 수 있는 것은 아무것도 없었기에 한 귀로 듣고 한 귀로 흘려보냈다. 제대 후 나는 학비를 벌어볼 요량으로 인턴을 하고 있었다. 해외로 나가는 것은 접은 지 오래고 어떻게든 학비만이라도 메울 수 있다면 좋겠다고 생각했다.

그러다 문득 한 선배가 해외봉사를 간다는 이야기를 들었다. 돈이 얼마나 드느냐는 내 질문에 그녀는 자랑스럽게 '전액 무료로 떠나는 거야'라고 대답했다. 이런 맙소사! 해외로 떠나는데 돈이 한 푼도 들지 않는다고? 나에겐 신세계였다. 방법을 꼬치꼬치 캐묻자 그녀는 스펙업, 대학내일 등과 같은 곳을 알려주며, 좋은 취지로 기업과 지자체에서 보내주는 해외탐방프로그램에 지원해보라고 했다. 그 뒤로 줄곧 해외탐방이 머릿속에 맴돌았다. 인턴 일을 마치고 집에 돌아와 검색하는 것이 일상이 되었다. 하지만 뜻대로 쉽게 되는 일이 아니었다. 하긴 나에게도 이렇게 사막의 오아시스처럼 반가운 소식인데 다른 사람들에게도 마찬가지일 터였다. 대학생들이 나와 같은 생각으로 벌떼처럼 지원하여 몇 자리를 두고 수십 대 일 아니 수백 대 일의 경쟁률이었다. 그리하여 나는 14번이나 떨어진 패잔병이 되고 말았다. 내 길이 아니라는 자기합리화로 스스로를 위로했다. 14번이나 거듭되는 탈락 과정 중에 유일하게 서류가 붙어 면접을 보러 갔던 적이 있다. 여성가족부에서 주최하는 '청소년국제교류프로그램'으로 체코에 갈 수 있는 기회였다. 하지만 나는 어렵게 붙어 찾아간 면접장에서 대답 한번 제대로 못하고, 내가 누군지 제대로 알리지도 못한 채 발길을 돌려야 했다. 그런 내가 한심스러웠다. 체코를 갈 수 있는 기회가 눈앞에 있었는데 제대로 준비도 하지 않고 운만 믿고 갔던 것이다. 그런 기회를 마치 로또처럼 생각했기 때문이었다.

집에 와서 나를 돌아봤다. '나는 누구인가?' 무료 해외여행을 가려면 나를 다시 돌아보는 제2의 질풍노도의 시기를 거쳐야 했다. 나는 지금까지 떨어졌던 자기소개서를 다시 찾아보기 시작했다. 문제점은 명확했다. '내가 누구인지 나조차 모르는 것이다!' 누구나 할 수 있는 흔한 자기소개 글이 가득 차 있었다. '열심히 하겠다', '열정적인 사람이다.' 같은 추상적인 이야기들이었다. 그저 좋은 기회를 잡고 싶다는 바램만 담은 이야기들을 지원동기라고 끄적거려 놓았다. 대외활동은 로또가 아니고, ctrl+c, v해서 하나만 걸려라 하고 던지는 화투패가 아니다. 내가 그렇게 생각하고 지원한다면 면접관들도 그렇게 느낄 분명하다. 그러지 않으려면 진정성을 가지고 지원서마다 꼼꼼히 작성해야 한다. 그리고 무엇보다 나를 아는 것이 그 시작이다. 그때부터 난 큰 도화지를 꺼내 2가지 방법을 활용하여 내가 누구인지 알아가기 시작했다.

1. 인생 설문조사
2. 인생 그래프

주변 지인들에게 내가 누구인지 설문조사를 했다. 문현우를 보면 떠오르는 색깔, 채소, 과일, 만화 캐릭터 등 그리고 그 이유. 스케치북에 x축과 y축을 그리고, 행복+100, 불행-100의 기준점을 표시한 후 나이에 따라 방점을 찍어가며 내 인생의 키워드를 발견해 나갔다. 파란만장한 청소년기는 물론 열정적인 청춘을 지나고 있었다. 중요한 사건이 있었던 나이에 따라 방점이 찍고 키워드로 정리하니 내가 지나온 시간이 쉽게 정리되었다. 그렇게 나를 연구하고 정리한 뒤에 쓴 지원서로 나는 14번의 탈락을 딛고 이후 수많은 대외활동에 합격할 수 있었다. 물론 위의 2가지 방법은 수단에 불과하다. 내가 합격할 수 있었던 궁극적 이유는 '될 때까지 하는 꾸준함과 간절함'이었다.

여명808이 807번 실패하고 808번째에 성공했듯이
다이슨이 5,216번 실패하고 5,217번째에 성공했듯이
나는 고작 14번밖에 안 떨어졌다.
100번을 떨어졌어도 나는 계속 도전했을 것이다.

왜냐면 당시 나는 해외를 갈 돈이 없었기 때문이다. 동기들의 어학연수, 배낭여행 등은 먼 나라 이야기였다. 내가 해외에 갈 수 있는 방법은 대외활동 밖에 없었기에 나는 정말 간절했다. 그렇기에 꾸준했다. 이후 나는 아리랑 세계일주를 포함하여 총 27회의 해외탐방을 전액 무료로 떠날 수 있었다. 학자금 대출의 빚과 해외를 나갈 수 없는 형편이라는 나의 두 가지 열등감은 어느덧 나의 대표 스토리가 되었다. 결핍을 알고 극복하는 순간, 그것은 당신만의 스토리가 된다. 그러니 결핍은 스토리를 만들 기회다.

자존감

나만의 자존감을 높이는 방법

"씨앗, 너무 애쓰지 마. 너는 본디 꽃이 될 운명일지니."

– 박광수 〈앗싸라비아〉 중

2012년 아리랑 유랑단을 창단하고 베트남에서 일주일간 아리랑을 알리고 돌아왔을 때의 일이다. 중국 동북공정으로 위협받고 있던 아리랑이 유네스코 문화유산으로 등재가 되었다. 그런데 갑자기 사람들이 나에게 박수를 보내고 스포트라이트를 비추기 시작했다. 처음에는 어안이 벙벙했다. 고작 일주일 알리고 돌아온 것뿐인데 이런 반응이라니. 심지어 동아일보에서는 전 문화체육관광부 장관님과 가수 윤도현 님 그리고 한평생 아리랑만 연구해 오신 학자들과 더불어 나를 공동 인터뷰 하겠다고 했다.

그때 이런 생각이 들었다. '얼마나 이런 청년이 없으면 고작 방지턱 하나 넘은 것으로 이렇게 박수를 보내는 걸까? 아무도 나에게 이렇게 살아도 괜찮다는 말을 해준 적이 없었는데, 이렇게 살아도 괜찮은 거였구나.' 이런 반응이라면 내가 계획한 다음 아리랑 세계일주도

문제없을 것이라는 자신감이 생겼다. 우리는 갓난아기 때 첫 걸음마를 때는 것만으로도 부모님께 세상 어디에서도 받을 수 없는 축복과 박수를 받았다. 그런데 나이가 든 지금은 어떤가? 성장하면 할수록 박수 받을 일들이 줄어든다. 좋은 성적을 받거나 상을 받을 때 혹은 누군가를 경쟁에서 이겼을 때에만 박수를 받게 된다. 만약 그런 일이 생기지 않는다면 박수 받을 일도 없다. 자연스럽게 자신감은 사라지고 자존감도 잃어버리게 된다. 자존감이 낮은 사람은 자신감부터 차근차근 높이는 방법으로 자존감을 올려야 한다. 그러기 위해서 다음의 스텝을 밟아보는 건 어떨까? 물론 이 방법은 내가 쓴 방법이기에 누군가에겐 맞지 않을 수 있지만, 변화를 원한다면 참고해보기 바란다.

1. 남들이 흔히 하지 않는 도전을 해보자.

- 나는 청년 세대들이 비교적 관심이 적은 전통이라는 코드를 선택해 실행으로 옮겼다. 그렇기에 더욱 주목을 받을 수 있었고, 박수를 받을 수 있었다.

2. 도전을 한 뒤 얻은 결과물을 공유해보자.

- 베트남을 다녀온 뒤 나는 여러 언론사에 우리의 활약상을 공유했다. 결과적으로 인터뷰의 주인공이 될 수 있었고 주변의 반응과 함께 나의 자신감은 하늘을 찌르게 되었다.

3. 반응이 좋다면 다음 스텝에서 더 발전시켜 보자. 반응이 없다면 과감하게 1번으로 돌아가서 다른 도전을 해보거나 혹은 될 때까지 꾸준하게 해보자.

 - 나는 다음 스텝이었던 아리랑 세계일주를 할 수 있는 원동력을 첫 번째 도전에서 얻을 수 있었다. 그리고 지금까지도 이 일을 하고 있다. 만일 잘 안되었다면? 솔직한 말로 나 또한 1번으로 돌아가 다른 시도를 했을 것이고, 그것이 또 안 된다면 돌고 돌아 되는 일을 만날 때까지 찾아 헤맸을 것이다.

자존감을 높이고 싶다면 자신감을 키울 수 있는 일들을 찾아 헤매보자. 분명 그 끝엔 자신을 사랑하고 자존감을 올릴 수 있는 솔루션이 기다리고 있을 것이다. 당연히 위의 내용은 단 하나의 정답이 아니다. 얼마든지 다른 방법을 찾아볼 수 있을 것이다. 나는 단지 내가 성공했던 방법이 조금이라도 도움이 되길 바랄 뿐이다. 한 명이라도 자존감이 올라간 삶의 기적을 경험하길 바라면서.

누구나 새로고침 해야 할 시기가 온다

"사람이든 조직이든 스스로 '새로고침'을 해야 하는 순간
이 찾아온다."

　　　　　　　　　　　　　　- 마이크로소프트 CEO 사티아 나델라

　내게도 30대 초반에 '새로고침' 하고 싶은 슬럼프가 찾아왔다. 군
입대 이후 10년이 지난 뒤였다. 2010년 제대한 나는 마흔 개가 넘는
대회활동을 하며 누구보다 치열하게 청춘의 시기를 보냈다. 그리고
그 경험을 자양분 삼아 기업에서 1억 원을 후원받고 아리랑 세계일
주를 다녀오기도 했다. 그 결과 나는 많은 사람들로부터 분에 넘치는
'존경'을 받을 수 있게 됐다. 하지만 그때마다 나는 동굴로 숨고 싶은
기분이었다. 나는 그들이 생각하는 만큼 존경스러운 사람이 아님을
스스로 잘 알고 있기 때문이었다.

　이탈리아 르네상스 시대의 거장 미켈란젤로가 벽화를 그리고 있
는데 친구가 찾아와 물었다. "우리 술 한잔하러 나가세." 미켈란젤로
는 그림을 마저 그려야 한다며 마다했지만, 친구는 끈질기게 그를 유

혹했다. "그걸 누가 알아준다고 그러는가? 그러지 말고 나가세"라며 재촉했다. 하지만 미켈란젤로는 단 한마디로 그를 무안하게 만들었다. "내가 안다."

이후 그때 내가 왜 그토록 부끄러웠는지를 알게 됐다. 사실 내가 이룬 일들은 크게 변화하거나 나를 성장시키지 않고 성공했던 방법들을 답습하여 얻은 결과물들이었다. 나는 언제 가장 나 자신에게 떳떳했는지를 돌이켜 보았다. 그 시기는 군 시절이었다. 당시 나는 최선을 다해 군 생활을 했다. 그때 나는 100권의 책을 읽었으며, 병영문학상 공모전에 도전해서 국방부 장관상까지 받았다.

나는 그때로 돌아가기 위해 현실에서 할 수 있는 '새로고침' 프로젝트를 실행했다. 내가 입대한 날은 2008년 3월 3일이었고 프로젝트를 실행한 날은 입대한 날로부터 10년이 지난 2018년 3월 3일이었다. 곧바로 미용실로 달려가서 재입대하는 사람처럼 머리를 밀었다.

그리고 제주도행 표를 끊어 밤늦게 제주도로 내려갔고, 일주일간 행군하듯 올레길을 걸었다. 물론 10년이란 시간을 쉽게 되돌릴 순 없었다. 하지만 떳떳했던 그때가 있기에 지금 내가 '새로고침'이란 걸 할 수 있다는 안도감이 들었다.

영화배우 설경구는 다음과 같은 인터뷰를 했다. "저는 항상 치열하게 살고 싶어요. 기대했는데 안 돼서 힘든 게 아니라 저 자신이 무기력하다고 느껴져서 힘들어요. 그때는 힘들었지만 치열하게 살았거든요. 과거의 나를 생각하면 짜증이 나요. 돌아갈 수 없어서요." 영화 '박하사탕'에서 설경구는 달려오는 기차를 향해 이렇게 소리 지른다. "나, 이제 돌아갈래!"

그렇다. 바로 지금 최선을 다하고 나 자신에게 떳떳해야 한다. 그래야 힘든 날이 왔을 때 그때를 자양분 삼아 '새로고침' 할 수 있기 때문이다. 그러면 언제든지 슬럼프를 극복하고 '새로고침' 할 수 있다.

7 Skills

2

두 번째 기술

스토리

/

경험을 막강한
무기로 만드는 기술

청춘용자
[勇者]
이렇게 살아도 돼

자신만의 길을 만들어가는
용감한 청년들의 진짜 스토리

 청춘의
기술 7 skills

결핍

스토리

목표

자신감

실행

꾸준함

동행

면접

오래도록 기억될 다섯 가지 이야기

"오늘은 힘들고, 내일은 더 힘들 것이다. 하지만 모레는
아름답다."

– 알리바바 잭 마윈

지금까지 결핍을 토대로 만들어진 나만의 스토리를 들려주었
다. 그럼 이제 위 스토리들을 하나의 스토리로 엮어 면접에 최종 합
격했던 사례를 소개하고자 한다. 나는 CJ에서 진행하는 CJ ONE
BLOSTER란 프로그램에 지원했다. 1차 서류, 2차 면접 그리고 최종
면접까지 이어지는, 대체로 많은 기업에서 차용하는 모집전형이었다.

면접을 하기 전 애매모호한 연락을 받았는데, 면접은 PPT, 영상
등 자유로운 방식으로 진행되니 편하게 준비해오라는 연락이었다.
대기업 입사 면접 등에서 흔히 차용하는 방식으로, 정말 끼 있는 인
재를 뽑고자 하는 마케팅 부서의 아이디어였다. 연락을 받고 고민에
고민을 거듭했다. 주제도 없이 막연한 자기소개여서 부담은 더 컸다.
하지만 피해갈 수 없으면 즐기라는 말을 되새기며 지금까지의 대외

활동 면접 경험을 다 끄집어내어 전략을 짰다. 나의 스토리에서 가장 먼저 떠오르는 키워드는 바로 '결핍'이었다. 그래, 결핍을 주요 키워드로 하는 스토리로 자기소개를 하자!

우선 결핍이란 키워드로 나를 정리해보니 다섯 가지로 정리되었다. 조그만 고시원 방에 살던 실업계 고등학교 출신, 무대공포증과 자신감 없던 성격, 잇따른 모집병 탈락, 학자금 대출의 빚, 해외를 갈 수 없는 형편, 이렇게 다섯 가지로 정리되자 다음으로 어떻게 하나의 스토리로 묶어야 할지가 고민이었다. 그러다 문득 숫자 '5'에서 연상되는 과자가 떠올랐다. 바로 '오레오'라는 과자였다. 그 과자는 2개의 검은색 비스킷 사이에 샌드위치처럼 하얀 크림이 들어있는 과자였다. 그렇게 고민을 거듭한 끝에 '오래도록 기억될 5가지 이야기'라는 멋진 테마를 만들어냈다. 면접장에 들어간 나는 미리 준비해간 PPT를 열었다. 5가지의 결핍이 요약된 흑백 장면이었다. 그 화면을 뒤로 한 채 나는 '오레오'라는 과자를 들고 면접관들에게 보여줬다.

"혹시 눈앞에 보이는 이 과자에 대해 아십니까? 이 과자의 이름은 '오레오'입니다. 저는 오늘 이 과자로 제 이야기를 하고자 합니다. 오늘의 주제는 바로 '오래도록 기억될 5가지 이야기'입니다. 보시는 바와 같이 이 과자의 첫인상은 '어둡고', '쓰고', '맛이 없다'로 정리될 수 있을 것입니다." 떨리는 목소리로 나는 첫 이야기의 스타트를 끊었다.

"그렇습니다. 제 스토리의 시작은 이 과자의 겉면과 참 많이 닮아

있습니다. 아버지의 사업실패로 부모님은 이혼하시고 쫓겨나듯 조그만 고시원에서 살았습니다. 그리고 방황 끝에 실업계 고등학교에 진학하였습니다. 저는 무대공포증을 가진 자신감이 없는 청년이었습니다. 잇따른 모집병 탈락으로 제가 원하는 부대에도 입대하지 못하고 끌려가듯 육군에 입대했습니다. 학자금 대출은 꼬리표처럼 저를 따라다녔고, 남들 다 간다는 배낭여행, 교환학생도 갈 수 없는 형편입니다." 나는 덤덤하게 다섯 가지 결핍 스토리를 이어갔다. 면접관들의 표정은 처음과는 달리 우려의 표정이었다. 이제는 나의 진가를 보여줄 차례만 남았다.

"하지만 저는 언제까지나 결핍만을 끌어안은 채 살고 싶지 않아서 결핍을 기회로, 벽을 문으로 만드는 시도를 했습니다. 꿈을 안고 실업계 고등학생은 단 한 명만 모집하는 학과에 지원하여 34대 1의 경쟁률을 뚫고 합격하였고, 연극동아리에 가입하여 무대공포증을 이겨냈습니다. 놀랍게도 지금 면접관님들 앞에서 당당히 이야기할 수 있는 자신감도 생겼습니다. 끌려가듯 입대한 군대에선 부패가 아닌 발효되어 제대하자는 다짐으로 병영문학상에 지원하여 국방부장관상장을 받았으며, 학자금 대출의 빚을 2학기 연속 장학금으로 메웠습니다. 해외로 나갈 수 없는 형편이었지만 다양한 해외탐방 프로그램으로 10여 개국 이상을 다닐 수 있었습니다." 결핍을 이겨낸 나의 극적인 스토리가 끝나자 면접관들의 눈빛이 달라졌다. 거기에 나는 회심의 한방을 날렸다. 나는 오레오의 겉면인 검정 비스킷을 부수고 흰크림을 보이며 "보시다시피 어둡고, 쓰고, 맛이 없을 것만 같은 검정

비스킷 속에는 하얀색 달콤한 크림이 있습니다. 어두웠던 제 결핍 속에서 달콤한 기회를 발견했던 저는 말뿐만이 아닌 행동으로 보여주는 삶을 살았다고 당당하게 말씀드리고 싶습니다. 지금까지 '오래도록 기억될 5가지 이야기'를 소개한 지원자 문현우였습니다. 감사합니다."

면접관들은 박수를 치며 나의 프레젠테이션에 호감을 보여주셨다. 마지막으로 나는 깨부순 과자를 들어 보이며 혹시 허기진 분이 계시면 배달해 드리겠다고 말씀드렸다. 그랬더니 면접장은 한바탕 웃음으로 화기애애해졌다. 감동과 재미를 드린 면접은 대성공이었다. 지금까지도 개인적으로 만나고 있는 면접관 중 한 분은 나의 면접에 대해 이렇게 평가하셨다. "제가 아는 한 여기 계신 면접관들도 쉽게 이 자리까지 올라오신 분들이 아닙니다. 현우 씨처럼 결핍을 끌어안고 최선을 다해 올라오신 분들이죠. 그러니 희망을 갖고 도전하신 현우 씨의 솔직한 프레젠테이션이 인상적일 수밖에요. 잘 들었습니다." 며칠 뒤에 나온 결과는 최종 합격이었다!

만일 내가 그 자리에 서서 어느 학교 출신에, 어디에 살고 있고, 취미가 무엇이다 같은 이야기를 했더라면 면접관들은 이미 자기소개서에 나와 있는 내용을 훑어보며 나를 따분한 눈으로 쳐다봤을 것이다. 하지만 솔직담백한 나의 이야기는 모든 면접관들의 공감을 얻을 수 있었고, 긍정의 힘으로 결핍을 기회로 만든 청년에게는 어떤 일을 맡겨도 잘해낼 수 있을 거라는 믿음을 줄 수 있었다. 최종 합격을 거

머쥔 나는 이날을 계기로 나의 부끄러운 스토리가 무기가 될 수 있음을 확신했다. 감동적인 스토리는 힘이 있다!

발품

600 대 1을 뚫은 발품정신 스토리

"힘이 드는가? 하지만 오늘 걷지 않으면 내일은 뛰어야
한다."

- 축구선수 카를레스 푸욜

단골 카페인 카페베네를 드나들던 어느 날, 낯익은 포스터가 카운터
에 있어 유심히 보니 영화배우 김수로 씨와 인도네시아로 떠날 해외청
년봉사단을 모집한다는 내용이었다. 지난 번 낙방이 스치며 오기가 생
겼다. 오호라 3기라 이거지 이번에도 지원이다! 이미 여러 대외활동을
해봤지만 이번 봉사단은 영화배우와 함께라니 생각만 해도 설레었다.
하지만 2기 때 고배를 마시고 재수를 한 상황. 이 부분이 어떻게 작용
할지는 담당자만 알고 있었다. 담당자가 내가 첫 지원인지 재수인지를
아는지도 확실하지 않았다. 괜히 모르는 사실을 확인시켜주는 것이 유
리할지 불리할지 가늠이 되지 않았다. 고민 끝에 '그래, 지난 2기 때와
는 달라진 나를 알리자.' 재수를 이겨내고 끝까지 포기하지 않는 오기
있는 모습을 보여주자고 결심했다. 그래서 나는 재수를 솔직하게 적고

자기소개서에 달라진 나를 소개했다.

▶ 자기소개서 내용

"훌륭한 생각은 누구나 할 수 있다.
하지만 실행은 누구나 할 수 없다."

세상에서 가장 완벽한 여자를 찾는 남자가 있었습니다. 곧 왕의
자리에 오를 그는 세상에서 부러울 것이 없을 만큼 모든 것을 누
리며 살고 있었습니다. 결국 그는 자신의 이상형에 가까운 여자를
찾았는데 그녀에게 프로포즈를 하자 "죄송합니다. 실은 저도 세상
에서 가장 완벽한 남자를 찾는 중입니다."라고 대답했습니다. 2
기 때의 낙방을 통해 저는 카페베네 해외 청년봉사단이라는 꿈을
이루기 위해서는 꿈에 어울리는 사람이 되어야겠다고 생각했습니
다. 그리고 결국 1차에 합격하여 면접이라는 영광을 얻었습니다.
(중략) 눈앞에 보이는 욕심에 급급해 진정성이 부족했던 지난 2
기 때와는 확연히 달라진 문현우입니다. 발전할 수 있는 지난날을
주신 관계자 분들께 진심으로 감사드리며 제 프로포즈가 아름다
운 해피엔딩이 되길 진심으로 바랍니다.

지난 2기 때의 부족함에 대해서 진솔하게 작성하였고, 달라진 모
습을 최대한 어필하여 최종 제출했다. 결과는? 다행히 합격이었다.
두 번째 도전임을 알리지 않고 자소서를 작성했더라면 뻔한 스토리

에 불과했을지 모르겠다. 하지만 지난날을 극복한 스토리로 나는 특별한 히스토리를 만들었기에 좋은 결과를 얻을 수 있었다.

여기에는 비밀 전략이 하나 더 숨어있다. 개인사진과 활동사진을 올려야 하는 미션이 있었는데 개인사진은 깔끔한 증명사진을, 활동사진에는 열정을 담아내기로 했다. 남들도 생각할 순 있지만, 행동으로 옮기는 데는 시간이 걸리는 '발품' 정신을 발휘한 것이다. 모든 일에 '발품'이 굉장히 중요하다는 사실을 나는 경험으로 알고 있었다. 아시아나 드림윙즈 때도 그랬고, 하나투어 투어챌린저 때도 부산까지 향하는 열정을 보였었다. 이번 활동사진에는 바로 그런 열정의 '발품' 정신을 보여드리기로 한 것이다.

전략을 고민하던 차에 방안에서 얼마 전 뉴욕에서 사온 'I ♡ NY' 티셔츠가 눈에 띄었다. 나는 티셔츠에 장난을 좀 치기로 했다. 인도네시아로 간다면 NY를 조금 바꿔서 'I ♡ INDONESIA'라로 쓰고 거기에 의미를 부여하면 어떨까? 나는 생각을 곧 행동으로 옮겼다. 그렇게 탄생한 문구는 다음과 같다. IN 안에서, DO 행동하며, NE 안된다고 하지 말고 아니라고 하지 말고 네라고 답하며, SI 시처럼, A 아름다운 봉사를 만들자는 의미를 담은 문구였다. 그렇게 세상에 하나뿐인 티셔츠가 완성되었다. 여기서 끝이었을까? 이제부터가 중요하다. 나는 이 티셔츠를 들고 '발품' 정신의 열정을 뽐냈다. 나는 티셔츠를 들고 주변 카페베네를 돌며 아르바이트생들과 직원분들에게 응원 메시지를 받았다. 20여 점포를 돌자 어느새 티셔츠는 응원 메시지로 가득 찼다. '닥치고 합격', '합격하고 나서 커피 한 잔해요!' 등

등 방문한 카페베네 매장의 직원분들은 진심으로 나를 응원해주었다. 세상에서 가장 비싼 티셔츠를 선물 받은 기분이었다.

활동사진에 올라온 발품의 티셔츠가 통했던 것일까? 2번째 미션까지 무사 클리어하고 마지막 관문인 3차 면접에 올라갔다. 티셔츠의 약발은 2차까지였을까? 아니다. 티셔츠의 진가는 바로 면접에서 나타났다. 면접 대기 장소에 도착해 혼자 잘되는 것보다 팀이 잘되는 것을 좋아하는 나는 경찰대학 출신으로 경찰 정복을 입고 온 팀원 형님과 함께 개그콘서트의 비상대책위원회로 팀을 소개하자며 아이디어를 맞췄다. 면접 차례가 돌아오고 우리 팀원은 멋지게 비상대책위원회로 팀을 소개했다. 우리는 점심시간이 막 끝나 춘곤증에 시달리던 면접관들의 피로를 풀어주기 위해 마사지까지 하는 열정을 선보였다.

헐레벌떡 자리에 앉기가 무섭게 내가 입고 있는 티셔츠에 모든 면접관들의 이목이 쏠렸다. 옆에 있는 경쟁자들에게 미안할 만큼 질문 공세가 퍼부어졌다. "티셔츠를 만든 계기가 어떻게 되는지?", "매장을 돌면서 카페베네에 제안하고 싶었던 게 있다면?", "어떤 내용들이 써 있는지?" 등등 면접관들의 관심이 온통 나에게 집중되었다. 어찌 보면 압박이 될 수 있는 질문들이지만 나는 전혀 그렇게 느껴지지 않았다. 그 이유는 내가 직접 현장을 방문하면서 보고, 듣고, 느낀 점을 솔직하게 얘기하면 되었기 때문이다. 나는 성심성의껏 대답했다. 면접을 마치고 나오면서 너무나 행복했다. 추운 겨울날 떨면서 발품을 팔아가며 카페베네를 도는 것은 힘들었지만 이 얼마나 뿌듯한 결말인가.

며칠 뒤 나는 최종 합격 통지를 받았다. 나와 함께했던 팀원 4명 중 3명이 합격했다. 나중에 알고 보니 경쟁률이 무려 600대 1이나 되었다. 누구나 다 쓰는 똑같은 지원서를 냈더라면 되지 않았으리라 장담한다. 하지만 발품을 팔아 열정을 보였고, 지난 2기 때의 낙오를 극복한 나의 도전기를 솔직담백하게 어필했던 것이 600대 1의 경쟁률을 넘어선 비결이었다.

나도 나지만 600대1의 경쟁률을 넘은 다른 합격자들의 스토리도 들어보면 왜 뽑혔는지 고개를 끄덕이게 된다. 포트폴리오를 만들어 카페베네 사무실까지 찾아가 진심을 담아 전달한 분, 카페베네 임직원들이 봉사활동 하는 곳을 알고 찾아가서 해외봉사지원 전 임직원분들과 봉사활동을 미리 체험한 분까지 발품의 열정을 몸소 실천한 분들이 좋은 결과를 냈다. 누구나 열정을 말할 수는 있지만, 행동으로 실천하는 것은 어렵다. 그러나 정말 간절하다면 발품은 기본소양이다.

최종 합격을 하고 몇 주 후 나는 영화배우 김수로 씨와 함께 비행기를 타고 있었다. 밤이면 밤마다 김수로 씨와 마피아 게임을 하면서 영화배우다운 베테랑 마피아에게 매일매일 지목되어 죽는 수모를 겪었지만 봉사 기간 동안 무척 즐거운 시간을 보냈다. 만약 내가 그때 모집공고를 보고 다시 도전하지 않았더라면, 발품을 팔지 않고 말로만 열정을 이야기했더라면 나는 지금 영화배우 김수로 씨와 함께하는 해외 봉사활동에 동참하지 못했을 것이다. 끝으로 발품 정신을

발휘하려고 할 때마다 막아 세우는 친구가 있다. 바로 '귀찮음'이란 친구다. 이 친구와 절교할 순 없지만, 노력은 하길 바란다. 그래야 우리는 앞으로 나갈 수 있다.

블로그

스토리도 광합성이 필요하다

"내게 천 가지의 아이디어가 있고 그중 하나가 쓸모 있다면, 나는 그것으로 만족한다."

– 발명가 알프레드 노벨

나라고 해서 매번 대외활동, 공모전 등에 합격하는 것은 아니다. 모 프로그램에 무턱대고 지원했다가 떨어진 나는 프로모션에 대한 자세한 연구도 없이 들이대는 것은 상책이 아니란 것을 뼈저리게 느꼈다. 그 뒤부터 나는 다짜고짜 지원하는 버릇을 거두고 골똘히 연구하는 버릇이 생겼다. 그런 고민을 하던 차에 눈에 띄는 콘테스트가 보였다. 바로 '한국관광공사 녹색여행 블로깅 콘테스트'였다.

참가대상에는 제한이 없었고, 해외를 보내준다거나 하는 큰 혜택은 아니었지만 수상하면 카메라와 같은 좋은 상품을 받을 수 있었다. 공모전 내용도 한국을 여행하며 보고 느꼈던 녹색여행기를 포스팅하는 것이 전부였다. 지원자를 볼 수 있는 게시판에도 지원자가 많지 않았다. 해보기로 마음먹었지만 학기 중이라 여행을 갈 시간이 부족했다. 남은 방법은 하나, 지난번 다녀온 부산여행을 여행기로 써보는 것이었다.

사실 부산여행은 하나투어 투어챌린저란 프로그램을 통해서 뉴욕에서부터 부산까지 방문한 일종의 코스 여행이었다. 당시 우리 조의 주제는 '그린'이었다. 그래서 뉴욕을 여행하면서도 뉴욕에 있는 공원은 대부분 방문했었고, 부산에서도 부산 내 각종 공원과 에코시스템을 체험해보는 일정으로 진행했었다. 부산 어린이 대공원부터 이기대도시자연공원까지 총 4곳을 방문하는 일정이었다. 당시 우리는 방대한 양의 사진을 찍고 인터뷰 등을 진행하며 의미 있는 여행을 했었다. 그후 몇 달이 지나지 않아 본 것이 바로 '녹색여행 블로깅 콘테스트'였던 것이다. 부산여행 리포트 내용은 좋은 자료였지만 사람들에게 알려지지 않았다. 우리 중에 블로그에 포스팅하여 알린 사람이 없어서 우리만의 추억으로 남게 된 것이다. 따라서 부산 녹색여행을 포스팅하여 지원해보는 것은 현실적이고도 의미 있는 일이었다.

나는 지난 부산여행에서 방문한 4곳의 공원을 파트별로 소개하기로 했다. 그곳의 역사와 명칭뿐 아니라 환경에 대한 내용을 세심하게 소개했고, 부산의 대표 음식도 소개함으로써 여러 가지 다양성을 강조한 포스팅을 완성했다. 서울 시민뿐만 아니라 부산시민에게도 좋은 정보가 됐다. 담당자까지 찾아와 댓글을 남겨주는 상황이 연출됐다.

결과적으로 나는 1등을 수상했다. 단순히 지난 활동들을 잘 엮어 소개했을 뿐인데 좋은 결과를 낸 것이다. 여러분에게도 다양한 콘텐츠와 스토리가 있을 것이다. 하지만 그것을 묵히고 빛을 쬐어주지 않는다면, 그것은 콘텐츠가 되지 못한 채 썩어 없어질 것이다. 반드시 자신이 가진 스토리에 빛을 쬐여줄 수 있는 기회를 찾아보길 바란다.

베트남에서 아리랑을?

> "어제 정신없이 바쁜 가운데서도 어떻게든 해냈던 작은
> 것들에서 그 사람의 성품이 나타나는 법이다."
>
> – 미국 언론인 미뇽 맥러플린

　내가 아리랑을 알리려 세계일주를 다녀왔다는 사실은 지금까지 이 책을 읽은 분이라면 눈치챘을 것이다. 하지만 세계일주를 시작하기에 앞서 했던 준비들은 자세히 모를 것이다. 나는 무턱대고 세계일주를 출발하지 않았다. 이쯤에서 아리랑을 알리려고 떠났던 여행의 시행착오들을 소개하고자 한다.

　나는 아시아나 드림윙즈 1기로서, 2기 후배들의 사후발표를 들으러 아시아나항공 본사에 앉아 있었다. 그런데 2기들의 발표를 열심히 경청하던 나는 놀라운 활동을 하고 돌아온 친구들을 발견하게 되었다. 두 명의 경희대학교 여학생들이었는데 대금과 해금을 전공하는 국악 전공자들로 유럽으로 날아가 곳곳에서 아리랑 연주를 하며 아리랑을 알리고 돌아온 용감무쌍한 여장부들이었다. 당시 한국의

아리랑 등 한국적인 것을 세계에 알리고자 구상하고 있던 나는 이거다 싶었다. 처음에는 그 친구들과 함께 여행을 떠날 구상도 했지만 여건이 잘 맞지 않았다. 시기도 안 좋았을 뿐더러 한 친구는 학업에 집중하고자 했고, 또 한 친구는 여러모로 내가 구상하는 방향과 잘 맞지 않았다. 그래서 백지에서부터 시작했어야 했다. 그런데 마침 그때 바이크 리페어샵이라는 의류 브랜드에서 놀라운 이벤트를 열었다. '세상을 바꾸는 리페어'라는 주제로 간단하게 한 줄짜리 아이디어만 응모하면 되는 간략한 이벤트였다. 밑져야 본전이란 생각으로 '아리랑 수호하기'란 주제로 이벤트에 응모했는데, 기대치도 않게 그것이 최종 10팀 안에 들게 된 것이다. 이때부터 아리랑을 세계에 알리려는 나의 프로젝트는 탄력을 받기 시작했다. 최종 3팀에 들어야 상금을 받을 수 있었다. 심사기준은 페이스북 좋아요 수였다. 나는 1등으로 500만 원을 받겠다는 생각으로 지인들을 총 동원했다. 500만 원이 된다는 가정 아래 뉴욕으로 갈 계획을 세우기도 했다. 그런데 운이 다했는지 결국 2등으로 300만 원을 받고 이벤트가 종료됐다. 뉴욕이 아니라 그 돈으로 갈 수 있는 다른 장소를 찾아야 했다. 300만 원에서 세금을 제하고 230만 원을 수령했는데 뉴욕은 도저히 무리였고 동남아 쪽으로 시선을 돌렸다. 팀은 나를 포함 4명으로, 대금 전공자 김예지, 세계일주에도 동행한 서예 전공자 이정화, 영상 전공자 박준영이었다. 사실 230만 원은 동남아를 가는 것도 빠듯한 비용이었다. 그러다 찾은 곳이 바로 베트남이었다. 베트남과 수교 20주년이 되던 해라 더욱 의미 있었고, 저가항공으로 저렴하게 왕복항공권

을 구할 수도 있었다. 베트남에서도 호치민을 선택하였는데 그곳에
는 호치민국립대학교 한국어과가 자리를 잘 잡고 있었다. 다행히도
팀원, 국가, 항공권이 해결되니 나머지 일은 일사천리로 진행되었다.
호치민국립대학교 측에서도 굉장히 우호적인 반응이었다. 그렇게 4
박 6일간의 일정으로 우리는 호치민으로 향했다. 한정적인 비용으로
떠난 것이라 예산이 우려됐지만, 다행히 예산 내에서 숙식 등 모든
것이 잘 처리되었다. 대학교에서 서예교실과 콘서트를 성공리에 마
칠 수 있었다. 그렇지만 처음 시도한 아리랑 스쿨과 콘서트는 약점들
이 곳곳에서 발견됐다. 대금만으로는 아리랑의 진가를 다 소화하기
엔 부족했다. 더 많은 국악기의 협업이 필요했고, 4명 중 한 명은 진
행, 또 한 명은 영상을 담당하고 있어 일손도 부족했다. 그리고 물티

슈 등의 사소한 준비물 미비, 아리랑 PPT에 대한 소개 부족이 약점
으로 드러났다. 하지만 이는 앞으로의 가능성이었다. 다음 세계일주
프로젝트를 하기 위해 얻고 가는 것이 너무나 많았다. 재정비만 잘한
다면 문제없겠다는 강한 자신감도 생겼다. 4박 6일간의 행사를 마치
고 우리는 무사히 귀국했다. 그리고 2주 뒤 아리랑은 유네스코 문화
유산으로 등재됐다. 우리의 노력으로 된 것이 아닌데도 많은 분이 우
리에게 감사와 축하의 메시지를 보내주셨다. 나는 인터뷰 등에서 자
신 있게 세계일주를 거론하며 아리랑 유네스코 문화유산 등재를 넘
어 아리랑 세계화에 사활을 걸 것이라며 공공연히 다짐했다. 나는 대
외활동을 넘어 나만의 기획으로 새로운 도전을 시도하였고, 그를 위
해 첫 발자국을 내디뎠다.

진정성

아리랑을 세계에 알리다

"진심에서 나오는 말은 마음을 움직이고, 양심에서 나오는 말은 마음을 꿰뚫는다."

- 윌리엄 펜

베트남을 다녀온 이후로 시행착오를 보완하고 아리랑을 전 세계에 알리고자 하는 기획을 더욱 구체화했다. 하지만 그전에 나의 진정성이 중요했다. 단순히 세계일주를 하려고 기획된 팀이 아니라 아리랑에 대한 진심을 가진 팀의 구심점이 되어야 했다. 나를 연구하고 돌아보니 아리랑은 나의 인생과 굉장히 밀접한 음악이었다. 세계일주를 제안하는 데 나의 진정성을 어필하기로 했다.

1997년, 초등학교 3학년의 어린 초등학생은 말레이시아란 나라로 조기유학을 떠났다. 당시 말레이시아에서는 1997청소년축구국가대표 대회가 열리고 있었고 많은 재외동포들이 경기장을 찾았었다. 그때는 '대~한민국' 구호나 '필승 코리아!' 같은 응원가가 없던 시절이라 우리는 하나 되어 아리랑을 부르며 응원을 했다. 나는 그때의 감동을 가슴속에 고이 간직했다.

2000년, 말레이시아에서 돌아온 나는 아버지의 사업실패로 작은 고시원 방에서 어머니와 단둘이 살았다. 해방구가 필요했던 나는 고시원을 나와 초기 '붉은악마'에 가입했는데, 동아일보 전광판 앞에 모인 20여 명의 붉은악마는 목청껏 아리랑을 부르며 한국을 응원했었다. 하지만 주위의 시선은 냉담했다. 혀를 차고 지나가는 어르신도 있었다. 하지만 2년 뒤 수만 명이 운집한 광화문 일대에 아리랑이 울려 퍼졌다. 2000년에만 해도 아리랑으로 응원하는 우리를 손가락질 했지만, 2년 뒤 아리랑을 안 부르면 도리어 미친 사람으로 취급받는 날이 오게 됐다. 2011년, 중국의 동북공정으로 우리의 '아리랑'이 빼앗길 위기에 처해있었다. 내가 할 수 있는 것은 없었다. 그런데 2012년 10월, 세상을 바꾸는 리페어란 주제의 공모전이 열렸다. 이때다 싶었다. 나는 부리나케 팀을 구성하고 '아리랑 수호하기'란 주제로 공모전에 응모했다. 그리고 2등이라는 영예를 안았다. 그렇게 베트남 호치민국립대학교로 떠나 '아리랑 스쿨'을 성공리에 개최하고 돌아왔다. 2012년 12월 7일, 아리랑이 유네스코 문화유산으로 등재되었다. 많은 사람이 감사하다며 나에게 연락을 해왔다. 그들에게 나는 다음은 '세계일주입니다!'라고 아직 구체화 되지도 않은 이야기를 뻔뻔하게 선언했다.

2012년 12월 말, 아리랑을 전 세계에 알리겠다는 취지 아래 팀원을 찾기 시작했다. 해를 품은 달, 뿌리 깊은 나무 등에서 신세경, 한

가인의 서예 대필을 맡았던 이정화, 각종 UCC 공모전에서 두각을 나타내던 영상 전문가 박준영, 국악 해외 길거리 공연 검색 도중 태국 시장에서 장구 하나로 태국인들을 얼싸안게 한 주인공 김동국, 서울대 국악과에 전화하여 다짜고짜 팀원을 추천해달라는 요청에 십여 분만에 휴학을 결정하고 합류한 판소리의 신유진, 대금의 임정민, 이렇게 우리 6명은 하나가 되어 '아리랑 유랑단'이 되었다.

나는 아리랑에 대한 진정성 있는 구심점이 되기 위해 무장했다. 2013년 1월경 아리랑을 전 세계에 알린다고 동네방네 말 해놓고 팀원도 모았는데 예산이 문제였다. 제안서를 만들어 이 기업 저 기업을 돌아다녔지만 큰 소득은 없었다. 그들이 보기엔 한 대학생이 열정만으로 시작한 뜬금없고 막연한 기획이었을 것이다. 기업에서 덜컥 1억 원을 내놓을 리가 없었다. 그러다 기회가 찾아왔다. 당시 나는 MBC 특집다큐 '청춘혁명! 나에게 주목하라' 편에 출연 중이었는데, PD님께서 카페베네 청년봉사단과 홍보대사로 왕성한 활동을 했으니, 청년을 위한 책을 출판한 카페베네 김선권 대표님을 직접 찾아뵙고 인터뷰하는 장면을 넣고 싶다고 제안해오셨다. 나는 이것을 기회라고 생각했다. 만나자마자 다짜고짜 도와달라고 하는 것보다는 살짝만 말씀드리고 다음 기회를 잡자는 것이 내 목표였다. 그리고 비서실에 미리 보내는 질문지에 아리랑 관련 질문들을 1/3정도 포함시켜 보내드렸다.

그렇게 역사적인 날이 밝았고, 나는 대표님을 뵈러 회장실에 들어갔다. 특유의 선한 미소를 보이는 대표님은 자리에 앉자마자 아리랑에 관련된 질문을 던지셨다. 나는 진정성 있게 내가 왜 아리랑을 알려야 하는지를 어렸을 적 스토리부터 차근차근 말씀드렸다. 내 이야기를 듣던 대표님은 청년의 열정이 보기 좋다며 아낌없이 칭찬해 주셨다. 칭찬에 이어 이야기가 자꾸 아리랑 쪽으로 기울자 나는 큰 용기를 내보기로 했다. 나중에 말씀드릴 것이 아니라 언제 기회가 또 찾아올지 모르니 지금 대표님께 도움을 부탁드리자고 생각했다. "대표님, 아리랑을 알리려고 세계일주를 하려는데 저에겐 돈이 없습니다. 저의 열정에 투자해 주실 수 있으십니까?" 내가 한 말이라고는 믿기지 않았다. 사랑하는 여자에게 고백하는 순간만큼 떨렸고 가슴은 천근만근 무거워졌다. 내 말을 귀 기울이던 대표님은 나의 눈빛을 보고는 비서를 통해 마케팅 이사님을 불러달라고 하셨다. 마케팅 이사님이 회장실에 들어오자 대표님은 이사님께 한 말씀을 던지셨다. "이 열정적인 친구가 아리랑을 알리려 세계일주를 하려고 하는데, 문제없이 지원해주게!" 오 마이 갓! 표현은 못했지만 마음속에선 시청 앞 붉은악마가 내 가슴에 대고 아리랑을 부르는 기분이었다.

그렇게 나는 1억 원이라는 후원금을 받을 수 있었다. 이후 노스케이프에서 아웃도어 용품 6인 세트, 인텔코리아 멘토님께서 노트북, 문경시청에서 신발 및 배낭을 협찬해주셨다. 베트남을 시작으로 아리랑을 알리고자 했던 진정성 있는 마음과 남들이 만들어놓은 판이 아닌 내가 기획했던 일이 성과를 맺는 순간이었다. 2013년 3월 1일 나는 인천공항에 서있었다. 1997년 청소년축구국가대표팀을 위해 아리랑을 부르던 꼬마는 이런 날이 올 줄 알았을까? 6월 25일까지

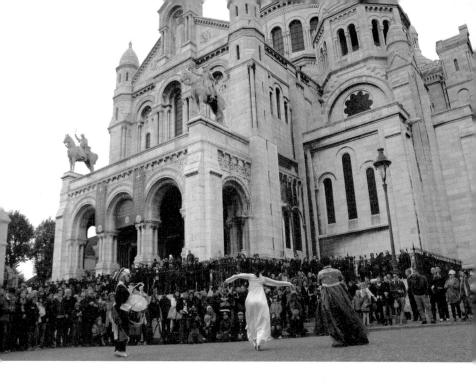

나는 15개국 29개 도시를 돌며 각국 대학, 문화원, 길거리 등을 막론하고 아리랑 스쿨과 콘서트를 열어 아리랑과 함께 세계인과 하나가 되었다. 결핍된 지난날이 나의 베이스캠프가 되었고, 나의 행동력과 다양한 대외활동이 인맥과 노하우를 쌓아 이뤄낸 성실, 꿈, 상생이 어우러진 결실이었다. 만약 내가 대표님께 내 스토리가 아니라 마케팅 기대효과와 통계 등으로 프레젠테이션 했다면 결과는 어떻게 됐을까? 만약 당신에게 절체절명의 기회가 찾아온다면 당신은 어떻게 상대방의 마음을 열 것인가? 당신만의 스토리가 당신의 필살기다.

당신도 크리에이터가 될 수 있다

"역사를 만드는 것은 누구나 할 수 있다. 그러나 역사를
기록하는 것은 위대한 사람만이 할 수 있다."

- 와일드

"우리가 어떤 민족입니까?" 모 기업 광고에서 던지는 질문이다. 나
는 단박에 '기록의 민족'이라고 답하고 싶다. 조선시대만 보더라도
472년간의 역사를 『조선왕조실록』을 통해 한번에 꿰뚫어 볼 수 있게
기록했으니 단연 '기록의 민족'이라고 할 수 있지 않은가? 심지어 다음
과 같은 일화를 기록할 만큼 우리의 기록은 상세하고 숨김이 없었다.

"1404년(태종 4년)에 태종은 사냥을 나갔다가 실수로 말에서 떨어
졌다. 태종은 급히 일어나서 좌우를 둘러보며 '이 사실을 사관이 알
지 못하게 하라'고 말했다. 그러나 당시 사관은 태종이 한 말까지도
사초에 기록했다."

실록을 만드는 사관들은 말에서 떨어진 왕이 이 사실을 알지 못하게 하라는 말까지 기록하는 기록의 대가들이었다. 그렇다면 현재의 우리 모습은 어떤가. 각종 블로그나 브이로그만 봐도 우리의 기록 정신이 예나 지금이나 변하지 않았음을 알 수 있다. 현대인들은 24시간이라는 공평한 시간 속에서 다양한 경험을 하며 하루하루를 소비하지만, 그 시간들을 각자의 방식으로 기록한다. 여기서 나는 기록하는 사람들을 세 부류로 구분해 보았다.

첫째는 오늘 하루의 기억을 머릿속에만 기록하는 부류다. 이 부류는 시간이 지날수록 그날그날의 일을 기억하지 못하거나 왜곡하는 경우가 생긴다. 둘째는 일기 등으로 하루를 개인적으로 기록하고 소장하는 부류다. 셋째는 자신의 일기나 SNS에 올린 기록들을 엮어 책으로 만들거나 브이로그로 만들어 유튜브 등에 올리고, 이를 통해 수익을 만들어내는 부류다. 즉 기록을 넘어 그것을 콘텐츠로 만드는 크리에이터(creator) 부류다.

아리랑 유랑단으로 세계일주를 무사히 마친 후 나는 그간 적어둔 일기와 메모, 블로그에 소개한 글들을 엮어 첫 번째 책 『아리랑 청년, 세계를 달리다』를 출간했다. 여기에 나는 내 삶의 이야기와 내가 청춘의 시간을 헤쳐 나오면서 터득한 기술과 노하우를 더해 『청춘의 기술』이라는 책을 출간했다. 또한 내 이야기를 듣기 위해 초청해 주시는 곳이면 어디든지 다니면서 강연도 하고 있다.

그럼 어떻게 자신만의 스토리로 콘텐츠를 만들 수 있을까? 답은 어렵지 않다. 바로 자신만이 할 수 있는 이야기를 찾아 기록하면 된다. 지금이 아니면, 내가 아니면 할 수 없는 이야기. 예를 들어 권민창이라는 현역 군인은 자신의 스토리로 『군대는 스펙이다』란 책을 냈다. 평범한 직장인인 엄지 작가는 신입사원 시절 자신이 겪은 일들을 일기 형식으로 한 포털에 연재했고 이내 『수고했어, 오늘도』란 책을 냈다. 물론 이로 인해 부수적인 수익도 얻고 있다.

만약 당신에게도 당신만이 할 수 있는 이야기가 있다면 이를 콘텐츠로 만드는 시도를 해보기를 권한다. 당장 지금부터라도 일상을 기록해보자. 그것이 쌓이고 쌓이면 당신도 콘텐츠의 자본화를 이루어내는 크리에이터가 될 수 있다. 지금이라도 늦지 않았다. 기록하자.

KEYWORD 15
소품

감귤 빈 페트병으로 승부를 보다

"너무 소심하고 까다롭게 자신의 행동을 고민하지 말라.
모든 인생이 실험이다. 더 많이 실험할수록 더 나아진다."

- 랄프 왈도 에머슨

소품은 스토리를 만드는 데 중요한 아이템이다. 제주항공 조이버에 지원했을 때다. 나는 면접에 앞서 필살기를 준비해야 한다는 강박 관념에 사로잡혀 있었다. 다른 여러 활동을 통해서 지금까지 많은 면접에서 합격이라는 영예를 얻었지만 이번만은 좀 달랐다. 소재고갈이라고 해야 맞을 것이다. 면접장소로 출발할 시간은 다가오는데 아이디어가 떠오르지 않았다. 당시 나는 홍보대사로서 스튜디오 촬영을 하고 있었는데, 사진 촬영을 마치고 대기실에서 음료수를 마시고 있었다. 그런데 후배가 따라주는 것이 다름 아닌 감귤 주스였다. 이거다 싶었다. 제주항공하면 떠오르는 것이 주황색 그리고 귤이라는 것을 이제야 감지한 것이다. 그런데 주스를 어떻게 활용해야 할까? 이미 다 마신 주스 통을 들고 가는 것이 효과가 있을까? 생각도 잠시

'어떻게라도 쓰겠지' 하고는 무작정 가방에 빈 감귤 주스 통을 담아 면접장소로 향했다.

면접 장소에 도착한 나는 옷 전체를 주황색으로 맞춰 입고 온 친구들을 보고 주눅이 들었다. "여기까지가 끝인가 보오~."라는 노랫말이 생각났다. 하지만 나에게도 필살기가 있었다. 바로 빈 감귤 주스 통. 면접 장소에 가는 내내 고민에 고민을 거듭해서 면접 직전 어느 정도 정리가 되었다. 면접시간이 다가오고 마침내 우리 조 차례가 왔다. 나는 평상시처럼 모든 노하우를 총동원하여 문제없이 면접을 마쳤다. 모든 조원을 향한 질문이 끝나고 면접관은 우리에게 마지막 한마디를 요청했다. 이때를 기다렸다!

나는 준비했던 빈 감귤 주스 통을 꺼냈다. 그리고는 이렇게 말했다. "지금은 아무것도 없는 빈 감귤 주스 통이지만, 활동이 끝날 때 오렌지 열정을 이 통에 가득 담아 활동이 종료될 때 감귤 주스 한 통을 원 샷 하겠습니다! 보고 싶으시다면 저를 꼭 뽑아주세요!" 면접장은 일제히 웃음바다가 되었고, 화기애애한 분위기 속에서 나는 면접장을 나올 수 있었다. 결과는 어떻게 됐을까? 나는 최종 합격하여 제주항공 조이버로 활동하게 되었다. 활동 중에는 총 2번의 해외출국 기회가 주어졌다. 활동이 끝났을 때 나는 정말 원 샷을 했을까? 아쉽게도 면접 중에 내가 한 말을 기억하는 사람은 아무도 없다.

이 외에도 나는 여러 차례 소품을 활용하여 합격할 수 있었는데 나중에 더 자세히 이야기하겠지만, 하나투어 투어챌린저에선 곰 인형을 활용하여 합격해 뉴욕에 갈 수 있었고, 한우자조금관리위원회

런던올림픽 응원단 면접에서는 태권도 도복과 스케치북 등을 활용해 합격해서 런던올림픽에 갈 수 있었다. 이렇게 소품을 활용한다면 면접실을 내 공간으로 만들 수 있고, 보다 효과적인 이미지를 전달할 수 있다. 당연히 좋은 결과는 따라온다.

독서

스토리의 양식

"독서와 혼자만의 시간을 가지고 새로운 일을 도모하라."

- 스티브 잡스

동서고금을 막론하고 독서를 마음의 양식이라고 한다. 수많은 현자도 독서를 통해 지식을 습득하였고, 독서를 통해 수천 년 전에 살았던 위인들과 대화하는 듯한 짜릿한 순간도 경험한다. 어릴 적부터 우리 집은 신문을 구독했다. 하다못해 말레이시아에 가서도 한국 신문을 구독해볼 정도였다. 사실 부모님은 신문을 잘 읽지 않으셨다. 그런데 한국이 궁금하고 향수병에 젖어 살던 나는 인터넷 보급이 잘되어 있지 않던 시절 신문이 한국과 연결할 수 있는 유일한 매개체였다. 그래서 초등학생 때부터 신문을 보는 습관을 들였다. 최근에는 종이 신문을 구독하기 어려워 스마트폰으로 각 신문사에서 나오는 칼럼들을 한눈에 보고 있다. 편리하게도 칼럼 페이지를 홈 화면에 추가한다면 칼럼을 모아 볼 수 있다. 칼럼을 통해 유수 지식층의 세상을 읽는 혜안을 앉아서 쉽게 얻을 수 있는 것이다.

앞서 결핍의 기술에서 소개한 것처럼 군복무시절 때도 마찬가지였다. 군인들에게는 매일 국방일보가 배포된다. 나는 이등병 시절부터 개인정비시간이나 점심시간을 이용해 국방일보를 읽는 것이 낙이었다. 일병이 됐을 때 나는 국방일보를 보다 병영문학상이라는 문학 공모전을 알게 됐고 지원하여 국방부장관상장을 받을 수 있었다. 매일 생활관에 배포되지만 병사들이 거의 관심을 갖지 않는 국방일보를 보지 않았더라면 나는 병영문학상이라는 것이 있는지도 몰랐을 것이다. 그만큼 어렸을 때부터 신문을 읽었던 것이 나에게는 큰 도움이 되었다.

신문뿐만 아니다. 만화책이라도 좋다. 중학교 시절, 고시원에 살면서 붉은악마 활동과 함께 방과 후 만화방에서 만화책을 빌려오는 것이 나에겐 해방구였다. 만화책이라고 해서 자극적이고 쓸모없는 이야기만 가득한 것이 아니다. 만화책 속 명대사들은 어린 나의 가슴을 두드리기에 충분했다. 슬램덩크의 강백호는 "왼손은 거들뿐!"이라는 명대사와 함께 슛을 하는 오른손의 중요성과 그를 받쳐주는 왼손의 조화가 어우러져야 멋진 슛을 완성 시킬 수 있다는 교훈을 알려줬고, 또한 그를 통해서 무대포 도전정신을 배우기도 했다. 원피스의 주인공 루피가 "나는 해적왕이 될 남자다!"라며 소년의 꿈을 자신감 있게 외치는 모습에 홀딱 반하기도 했다. 잡지도 마찬가지다. 월간지의 경우 그 한 권을 위해서 잡지사 임직원이 한 달을 열과 성을 다하고 혼을 갈아 만든 아이디어의 집대성이기 때문에 하나의 작품이라고 봐도 무방하다. 만약 잡지를 사기 어렵다면 서점이나 도서관에서

월간지 코너를 가보길 권한다. 랩핑이 되어있어 볼 수 없는 경우도 있지만, 서점이나 도서관을 여러 군데 돌아다니다 보면 포장이 안 되어있는 곳도 있으니 짧게라도 한번 쭉 읽어보고 마음에 드는 것으로 구매하길 권한다.

나는 자기소개서에 세르반테스의 돈키호테 구절뿐만 아니라 어린 왕자의 구절도 인용한 적이 있다. 그리고 결과는 모두 합격이었다. 고전 이야기뿐만 아니고 동화책 내용도 자신의 스토리와 결합시킬 수 있다. 여기 나의 사례를 소개하고자 한다. G마켓 해외봉사단에 지원했을 때다. 나는 어렸을 적부터 맞벌이하는 부모님 역할을 외할머니께서 해주셨다. 그래서 외할머니의 입맛에 맞춰져 오이지, 찰옥수수, 짠지 등 흔히 어르신들이 좋아하는 음식을 좋아하는 경향이 있었다. 나는 외할머니의 음식과 사랑을 듬뿍 받고 자랐다. 하지만 할머니의 사랑을 해외 아이들에게 돌려준다는 건 어불성설이지 않은가? 그런데 예전에 읽은 동화책 내용이 은연중에 스쳐 지나갔다. 그때 봤던 내용과 우리 할머니의 이야기를 합치면 지원동기와 딱 맞아 떨어질 것 같았다.

지원동기: 어렸을 적 어떤 책에서 봤던 내용이 기억납니다. 순수한 어린아이 하나가 제안한 캠페인 하나. 자신이 받은 호의를 다른 세 사람에게 돌려주기. 세상 사람들은 그 캠페인이 실제로 이루어지리라 믿지 않았습니다. 그러나 어린아이의 진심이 통했던 것일까? 캠

페인은 이루어졌고, 온 세상이 따뜻하게 변했습니
다. (중략) 외할머니의 따뜻한 손길을 아는 저는 누
구보다 그런 감정을 잘 알고 있습니다. 어느 봉사지
라도 소외받고 사랑이 메말라 있는 친구들에게 도움
이 되고 싶습니다. 자신이 받은 호의를 세 사람에게
나누어주는 따뜻한 어린아이의 마음처럼 저도 외할
머니께 받은 사랑을 세 사람 아니 수백 명에게 돌려
주고 싶습니다. 이번 G마켓 해외봉사를 통해, 보다
따뜻한 마음과 받은 걸 베풀 줄 아는 문현우가 되고
싶습니다.

　절묘하게 동화책 내용을 활용해 내가 해외봉사를 가야 하는 이유
를 명확하게 설명할 수 있었다. 이때를 계기로 자기소개서에 책 속에
본 스토리와 내 스토리를 합치는 방법을 터득할 수 있었다. 무작정
'나는 가야해!'가 아니라 감동적인 책 내용과 절묘하게 맞아떨어지
는 '자기 스토리'가 있어야 한다. 결과적으로 나는 G마켓 해외봉사
단 서류에 합격할 수 있었다. 이러한 사례처럼 독서는 자신의 스토리
를 더욱 풍부하게 해준다. 자신의 이야기만 하면 사람들은 지치기 마
련이다. 하지만 책 속 주인공과 나를 합치든지, 칼럼 속 내용을 인용
하든지, 잡지 속 여행지와 나의 여행지를 비교해서 스토리로 풀어간
다면 상대방은 더욱 몰입하여 이야기를 경청할 것이다. 당신은 지금
무엇을 읽고 있는가?

7 Skills

3
세 번째 기술

목표

/

내가 원하는
나를 만드는 기술

청춘용자
[勇者]
이렇게 살아도 돼

자신만의 길을 만들어가는
용감한 청년들의 진짜 스토리

청춘의
기술
7 skills

결핍

스토리

목표

자신감

실행

꾸준함

동행

난타 국가대표로 런던올림픽을 가다!

"미래는 자신의 꿈이 멋지다고 믿는 사람들의 것입니다."

- 엘리너 루스벨트

어려서부터 월드 스포츠 이벤트를 내 눈으로 직접 보는 것이 꿈이었다. 올림픽, 월드컵은 나에게 꿈 그 자체였다. 2002년 붉은악마로 활동하면서 인천문학경기장에서 열린 월드컵을 직접 관람할 수 있었지만 올림픽은 본 적이 없었다. 2008년 군에 입대한 나는 생활관에 앉아 때마침 열린 올림픽을 전우들과 한목소리로 응원했다. 전우들과 하나 되어 대한민국을 응원하면서 나는 다음 올림픽은 직접 내 눈으로 보겠다는 꿈을 마음에 새겼다. "제대 후에는 반드시 올림픽을 내 눈으로 직접 보리라!" 나는 수첩 가득 적혀있는 버킷리스트에 '올림픽 직접 보기'를 적어 넣었다. 시간이 흘러 나는 2년간의 군 복무를 무사히 마치고 꿈에 그리던 전역을 했다. 그리고 4년이 흘렀다. 2012년 올림픽은 런던에서 개최되었다. 왜 하필 그 멀고도 먼 런던이란 말인가. 이미 기아 글로벌 워크캠프로 런던을 한번 방문했던 적이 있어서 그곳을 가기 위해 얼마나 많은 비용이 드는지 잘 알고 있었다. '뭐, 지금 못 가도 4년 뒤에는 갈 수 있겠지'라고 생각하는 순간, 왠지 모르게 런던올림픽을 보내주는 해외탐방 프로그램이 하나 정도는 있지 않을까하는 기대감이 내 어깨를 툭툭 건드렸다. 지푸라기라도 잡는 심정으로 스마트폰을 꺼내들고 네이버며, 스펙업이며, 샅샅이 런던올림픽 원정대를 찾아 헤맸다. 10여 분이 됐을까, 나는 꿈에 그리던 런던올림픽 해외탐방 프로그램을 찾아냈다.

'한우자조금관리위원회'란 단체에서 주최하는 '런던 한우 서포터즈'라 명명한 해외탐방 프로그램의 혜택은 실로 놀라웠다. 나의 꿈이었던 '런던에서 대한민국 올림픽 경기관람', '항공권부터 숙식까지 전부 무료'. 특히나 이번 기회는 지금까지의 내 모든 활동들을 집대성해야 하는 최고의 미션이자 나를 검증할 수 있는 자리였다.

세상에 공짜로 얻는 것은 없다. 지금까지 해외탐방 프로그램에 지원하고 합격하기까지 순간순간 많은 고비가 있었다. 한 번도 '응모하기' 버튼 한 번으로 붙은 적이 없었다. 병뚜껑 속에 있는 '축! 해외여행권' 같은 이야기는 영화 속에나 있는 이야기다. 나에겐 그런 운은 없었다. 매번 무료로 해외탐방을 나가는 나에게 누군가 이런 말을 했다. "넌 참 운이 좋아" 하지만 나는 반문했다. 운도 준비된 자에게 찾아온다고. 이번에도 물론 공짜는 없었다. 런던올림픽에 가고 싶어하는 사람들을 위해 주최 측에서 친절하게(?) 미션을 주셨다. '퍼포먼스 분야의 지원자는 춤, 노래, 개인기 등 자신만의 끼를 보여줄 수 있는 UCC 또는 사진을 등록'. 여기까지 보고 고개를 떨구려는데 마지막 한 문장이 나를 반겼다. 'SNS 홍보 분야 지원자는 자신이 활동하고 있는 트위터나 페이스북 등의 주소와 함께 SNS를 활용한 홍보 아이디어'. 나는 바로 고개를 들었다. 나를 위해 준비된 미션 아닌가.

SNS 활동으로 내가 자랑할 수 있는 것들을 쭉 정리하기 시작했다. 왕성한 활동을 하고 있는 페이스북과 '스펀지문의 청춘만사 흡수기' 블로그는 물론이거니와 지난날 수상했던 많은 상들도 전리품처럼 자랑하기로 했다. 정리된 '스펀지문'의 자랑리스트는 은근히 꽤 매력적이었고, 다수의 경험이 경력처럼 보이는 효과도 주었다. 자랑이 이번 콘셉트라면 좀 더 효과적으로 자랑할 방법은 없을까? 역지사지라 했던가. 담당자의 입장이 되어 파악해보았다. 그 결과 일목요연하게 정리해서 자랑해야 한다는 결론을 내렸다. 그리고 큰 틀을 마련했다.

"문현우가 꼭 가야 하는 5가지 이유" 이것이 이번 미션의 핵심이었다. PPT를 만들고 나의 자랑리스트를 설득력 있게 다섯 가지 이유로 정리했다.

1   현장 분위기와 한우를 왕성한 SNS활동으로 알리다.
 – 페이스북 1,700명, 트위터 1,200명, 블로그 600히트!

2   완벽한 후기와 끝까지 책임감 있는 보증수표, 수상실력
 – UCC, 수기공모전, 블로깅 콘테스트 다수 수상!

3 왕성한 기자활동으로 각종 매체에 기고
− 한우 서포터즈 활동을 다양한 매체에 기고하여 알리다!

4 대한민국에 대한 사랑, 한국과 한우를 알릴 수 있는 활동 계획.
− 한우와 대한민국을 알릴 준비가 되어있는 대한민국 매니아!

5 조직을 유머로 화합하게 만드는 분위기 메이커
− 그 어떤 능력보다도 중요한 분위기 메이킹 준비완료!

　여기에 한우와 한국 홍보계획, 향후 활동 계획까지 열거하였다. 정리하고 보니 나름 깔끔한 PPT가 완성되었다. 물론 자랑이 한가득인 PPT였지만, 런던올림픽에 데려갈 만한 열정 있는 청년을 뽑고자 하는 담당자라면, 말로만 열정 가득한 사람이 아닌 지금까지의 행동으로 열정을 검증받은 사람을 원할 것이라 생각했다. 그래서 가감 없이 지금까지의 활동상을 자신 있게 모두 소개하였다. 그것이 끝이 아니었다. 나는 마지막으로 필살기를 준비했다. 지난번 카페베네 해외청년봉사단에서 '티셔츠'를 준비했다면, 이번에는 플래카드를 직접 디자인하여 준비했다. 작은 정성이지만 의미 있게 장식하고 싶어서 플래카드를 출력하였고 이를 인증샷으로 찍어 마지막 슬라이드를 장식했다. 담당자가 어떻게 느꼈을지는 모르겠지만 절대 그냥 넘기진 못했으리라 생각한다.

　며칠 뒤 서류결과라는 제목으로 메일이 도착하여 간을 졸이며 열

어봤다. 결과는 서류 합격! 그 어느 때보다 행복했다. 꿈으로 한 발자국을 내디뎠다는 생각에 군대에서 응원했던 장면이 주마등처럼 스쳐갔다. 하지만 기쁨도 잠시. 같은 면접 조에 엄청난 복병이 있었다. 블로그를 통해 자신이 런던올림픽에 가야 하는 이유를 엄청난 발품 정신으로 뽐내던 블로거였는데, 그 열정이 실로 엄청났다. 어디서 빌렸는지 한우 인형 탈을 쓰고 명동 한복판에서 한우를 알리는 홍보활동까지 하는 대단한 행동가였다. 게다가 '꿈지킴이'라는 파워블로거로서 많은 투데이수와 포스팅 실력에 주눅들 수밖에 없었다. 7명 모집인데 하필 우리 조에 이런 친구가 있다니. 그런데 왠지 모르게 그 친구의 행동하는 열정이 친근하게 느껴졌다. 합격도 합격이지만 나는 이 친구를 적이 아닌 아군으로 만들고 싶다는 작은 오기가 발동했다.

총 7명을 뽑는 자리인 만큼 20~30명을 뽑는 타 해외탐방 프로그램과는 차원이 달랐다. 7명을 뽑는데, 면접 조만 십여 개 조가 됐다. 그런 상황에서 한 면접 조에서 4명 전원이 붙을 가능성은 없다고 봐야 했다. 하지만 나는 그 그림을 보고 싶었다. 다른 조원들이 준비한 것을 응원해주고 도와주는 '도우미' 역할을 하고자 마음먹었다. 이번 면접은 지금까지의 활동들을 집대성하겠다는 마음가짐이었다. 우선 복장이었다. 나는 한국을 알린다는 일념으로 군대에서 취득한 태권도 1단을 백분 활용하기로 했다. 그래서 있지도 않은 태권도복을 동네 태권도장에서 사정사정하여 대여하고, 상의는 2000년도부터 활약한 붉은악마임을 강조하기 위해 축구 국가대표 유니폼을 입기로 했다. 그리고 스케치북에 일일이 나를 어필할 수 있는 문구들을 정리하고, 스펀지밥 피규어와 필살기 플래카드도 챙겼다.

　비가 추적추적 내리던 면접 당일 면접장에 도착한 나는 준비한 대로 뼛속까지 대한민국 사람이라고 자부할 수 있는 복장으로 갈아입고는 처음 보는 조원들과 친근하게 인사를 나눴다. 아무래도 복장부터 유별난 내게 그들은 부담스럽다는 눈빛을 보냈다. 나 같아도 그랬을 것이다. 경쟁자인 조원이 태권도복 하의에 지금은 구하기도 어려운 축구국가대표 유니폼을 입고 나타났으니, 하필이면 이런 놈이랑 면접을 본다는 것만으로도 끔찍했으리라. 하지만 외면은 그래도 내면은 그들과 함께 붙고 싶다는 마음으로 가득했다. 면접장에 들어선 우리는 자기소개를 시작으로 본격적으로 면접에 임했다. 나는 내가 준비한 것을 보여주려 노력했다. 군대에서 한 태권도가 전부인 나에게 발차기를 해보라고 요구했을 때는 당혹스러워 얼굴이 빨개졌지만 당장 황소 한 마리라도 잡겠다는 마음으로 발차기를 보여드렸다. 물론 반응은 시큰둥했지만 나는 마음속으로나마 잡은 황소 한 마리를 그리며 뿌듯해했다. 그리고 본격적으로 조원들의 도우미 역할을 수행하기 시작했다. 한 조원이 장기자랑으로 노래를 부를 땐 처음부터 끝까지 박수로 응원을 보냈고 가사를 까먹을 때는 파이팅을 연발했다. 다른 조원이 답변을 마무리할 때면 어김없이 박수를 치며 독려했다. 조원이 무언가 준비를 할 때는 함께 거들고 등을 토닥여줬다. 그들은 내가 낯설었을 것이다. 경쟁자라고 생각한 조원이 살가운 친절을 보이는 게 내심 부담스러웠을 것이다. 하지만 점차 그들도 마음을 열고 나와 함께 박수를 쳐주며 화기애애한 분위기로 웃음이 멈추지 않는 면접 분위기를 만들어냈다. 면접관은 우리를 보며 이런 말을 했다. "당신들 이미 알고 지낸 사람들 같이 친해 보이는 게 수상해!"

쿵쾅쿵쾅, 이미 익숙할 때로 익숙한 면접장이지만 떨리기는 언제나 매한가지다. 이 떨림을 알기라도 했는지 면접장에 이미 준비해놓은 북을 본인이 치고 싶은 대로 한번 쳐보라는 면접관의 요구가 떨어졌다. 아니 면접장에 왠 북이란 말인가? 알고 보니 우리는 런던 길거리 등에서 북을 치며 한국을 응원하는 특명이 있었다. 그래서 우리의 리듬감을 알아보기 위해 북을 준비한 것이었다. 한 사람 한 사람 북을 칠 때마다 클럽에라도 온 것처럼 환호하고 그들의 떨림을 응원하는 분위기를 만들었다. 쿵쾅거리는 가슴처럼 북의 장단은 메아리가 되어 여운을 남긴 채 마무리가 됐다. 면접장을 나오자 취재 차 나온 카메라 감독은 분위기가 가장 좋았다며 우리의 파이팅 장면을 촬영하고 싶다고 했다. 마지막이란 생각으로 우리는 파이팅을 외쳤다. 파이팅!

면접장을 나서며 적군이라 생각했지만 아군 아니 형, 동생이 되어버린 '꿈지킴이' 동생과 점심과 커피 한 잔을 함께했다. 블로그로만 보던 그 친구의 열정을 눈앞에서 지켜보는 것만으로도 너무나 큰 영향을 받았다. 그때 이미 나는 꿈지킴이 동생과 런던에서 함께 난타를 치고 있을 모습이 그려졌다. 카페를 나서며 우리는 합격하여 보자고 인사말을 나누고 헤어졌다. 그리고 얼마 후 최종 합격자가 발표되고 OT 때 그를 다시 만날 수 있었다. 놀라운 건 십여 개의 조 중에

단 7명만이 최종 합격을 하였는데, 화기애애했던 우리 조 4명 전원이 합격했다는 사실이었다.

3주간 우리는 가족처럼 매일 만나 난타 선생님에게 난타를 배웠다. 손에는 물집이 가득 잡혔지만 하루하루 시간이 어떻게 지나가는지도 몰랐다. 대한민국 국가대표가 메달을 손에 얻기까지 얼마나 힘들었는지 백사장에 펼쳐진 모래 한 톨 만큼은 알 수 있었다. 런던올림픽이 개막하고 우리는 며칠이 되지 않아 난타를 할 북을 이고 런던으로 향했다. 나는 도착 첫날 지하철에서 캐리어를 잃어버려 옷 한 벌로 일주일을 소화했지만, 몇 차례 길거리 공연과 SBS 모닝와이드

오프닝 생중계 공연도 참여하였고, 꿈에 그리던 대한민국 축구국가 대표의 경기도 직접 관람할 수 있었다.

나의 꿈은 정확히 4년 전에 그려졌고, 4년 후인 런던에서 실현됐다. 밤낮 할 거 없이 보초를 서며 대한민국을 지키는 군인들이 어떤 꿈을 꾸든 나는 그 꿈을 응원하고 싶다. 꿈꾸고 행동하자. 그러면 기회는 준비된 자에게 올림픽 금메달을 걸어줄 것이다.

의자 매너로 유럽에 가다

> "매너가 사람을 만든다(Manners, maketh, man.)"
>
> - 영화 킹스맨

나의 첫 대외활동. 기아 글로벌 워크캠프. 나는 서류 심사에서 무사히 합격했지만, 두 번째 난관에 봉착하게 되었다. 공식적인 대외활동 첫 면접이었다. 사실 그전에 한번 본 것이 큰 경험이 되었지만, 그때는 아무 준비 없이 로또에 당첨되는 기분으로 본 것이었다. 준비도 미비했고 너무 떨었던 나머지 무슨 말을 했는지 조차 기억나지 않아 경험은 됐으나, 도움으로 작용하진 못했다.

내가 누구인지 조금씩 알아가던 때였고, 누군가에게 나를 제대로 소개하는 첫 자리이니만큼 긴장은 배가되었다. 과연 나는 면접관들은 나를 어떻게 볼까. 나는 훈련병이 화생방에 끌려가듯 걷는 둥 마는 둥 겨우겨우 면접장에 도착했다. 기아자동차 압구정 사옥에서 치러진 면접은 건물 앞에 서자 긴장감이 백 배, 천 배로 늘어났고, 면접장에 끌려온 나를 압도하다 못해 잡아먹으려 했다. 그런데 문득 이런 생각을 했다. '잡아먹힐 것인가? 아니면 잡아먹어 내 것으로 만들 것인가?' 이건 고민거리가 되지 않았다. 나는 망설임 없이 후자를 선택하고 당당하게 면접 대기 장소에서 내 차례를 기다렸다.

처음 본 두 명의 여성 면접자들은 나처럼 부들부들 떨고 있었다. 그렇게 떨리는 몸을 추스르고 면접장에 들어서자 네 명의 면접관들과 책상에서 의자를 빼야하는 면접장 구조가 내 눈에 들어왔다. 그때 함께 떨면서 들어온 면접자들에게 의자를 빼줘야겠다는 생각이 머릿속에 자연스럽게 스쳐갔다. 나는 의자를 빼서 그들에게 호의를 베풀었는데 면접관이 "경쟁잔데도 매너가 좋으시네요."라는 말로 화답해주는 것이 아닌가? 나는 속으로 쾌재를 불렀다. 사실 이 방법을 통해서 나를 어필할 생각은 없었다. 단순히 책상에서 의자를 빼야하는 구조이기에 다년간의 서비스 아르바이트를 통해 다져진 경험으로 그들을 살짝 도와줄 생각이 전부였다. 그런데 그런 부분이 면접관에게 좋게 보인 것이다.

화기애애한 분위기 속에서 시작한 면접이 본론에 들어가면서 내 표정이 일그러지기 시작했다. 함께 면접을 보는 경쟁자들의 원어민 같은 영어에 주눅 들고, 기아자동차에 대한 정보를 속속들이 알아보고 답변하는 모습에 두 번 주눅 들어 내가 설 자리는 없어 보였다. 그렇게 보는 둥 마는 둥 면접시간이 끝났다. 터벅터벅 면접장을 빠져나가려던 찰나, 첫 번째와 똑같은 상황이 펼쳐졌다. 멋지게 답변을 하던 그녀들이 긴장이 풀리면서 의자를 제자리에 놓지 않고 나가는 것이었다. 이번에는 첫 번째 상황과 좀 달랐다. 충분히 의도적으로 나는 의자를 제자리에 정리해놓고 "면접 진행하시느라 고생하셨습니다!"라고 큰소리로 외치며 면접장을 나왔다. 그리고 몇 주 뒤 나는 최종 합격 연락을 받게 되었다.

면접을 죽 쓴 이유는 명확하다. 초등학교 시절 조기유학을 다녀온 나는 영어면접에서 "조기유학 다녀온 거 맞아요?"란 정곡을 찌르는 질문을 듣고는 얼음이 되었다. 그 외 질문에도 1분여간 머리가 하얘 지는 경험을 하며 질문에 제대로 답을 하지 못했다. 그랬던 내가 최종 합격 될 수 있었던 이유는 바로 '매너' 때문이었다. 면접관들은 비록 몇 개의 질문에 답을 잘 못했더라도 매너가 있는 사람을 해외로 보내줄 수 있겠다고 생각했을 것이다. 워크캠프란 덩그러니 혼자 해외로 떠나 외국인 친구들과 20여 일간을 보내는 공동체 생활이었기에 사교성, 매너가 합격의 핵심 열쇠였다. 아무리 영어를 잘하고 기아자동차를 잘 안다고 해도, 그것이 실제 워크캠프에서는 아무런 도움이 되지 못한다는 경험 많은 면접관들은 이미 알고 있었던 것이다. 그래서 그들과 어울리는 데 전혀 문제가 없을 거 같은 내가 합격한 것이다. 그렇게 나는 매너 덕분에 해외탐방 프로그램에 덜컥 붙어 프랑스에 갈 수 있는 기회를 잡았다.

동기들과 처음 만나는 자리, 집합장소인 유네스코 한국위원회에서 39명의 동기를 만나 나는 이런 생각을 했다. "아 이곳이 바로 우물 밖이었구나." 입학과 동시에 연극동아리에 가입하여 학교 밖을 떠나지 않은 것이 2년, 하지만 군대에 입대하여 전국에서 모여든 전우들과 함께하며 우물 밖을 탈출했다고 생각했었는데 그건 순전히 내 착각이었다. 사회생활을 하건, 군 생활을 하건, 대학생활을 하건 한정된 사람들과 한정된 틀 안에서 살아왔다는 것을 온몸으로 느꼈던 것이다. 바로 39명의 각기 다른 학교에서 모인 친구들을 통해서 말이다.

대외활동을 하면 가장 좋은 점이 바로 이러한 부분이다. 각기 다른 학교의 친구들을 만나면서 또 다른 대학문화를 체험하고 정보들도 공유하므로 새로운 세상의 문을 여는 더듬이가 자란다. 소위 SKY 대학에 재학 중인 학생들뿐만 아니라 각 학교에서 모인 친구들을 만나면서 나는 지금까지 내가 속한 곳과는 다른 우물 밖 세상을 경험했다. 그리고 거기서 많은 것을 배울 수 있었다. 만약 내가 14번의 탈락을 경험하며 '나는 여기까진가 보다'하고 포기했더라면 나는 우리 학교가 세상의 전부인줄 알고 대학생활을 마쳤을 것이다. 나는 제대 후 대학 3학년에 복학 전에 새로운 세상에 눈을 뜨게 된 것이다. 기아자동차 글로벌 워크캠프는 그런 의미에서 나에게 새로운 세상을 여는 열쇠를 쥐어주었다.

나는 39명의 친구들과 프랑스로 떠나 각국에서 온 13명의 해외 친구들을 만날 수 있었다. 새로운 도전을 하는 횟수가 늘어날수록 나는 더 많은 우물 밖 세상을 경험하게 되었다. 해외를 공짜로 다녀오겠다는 간절한 바람으로 시작한 나의 대외활동과 해외탐방은 내 청춘에 큰 느낌표를 찍어 주었다.

세계일주하기

> "진정한 여행은 새로운 풍경을 보는 것이 아니라, 새로운
> 눈을 가지는데 있다."
>
> - 마르셀 푸르스트

버킷리스트를 얘기할 때 빠지지 않고 나오는 것이 바로 '세계일
주'다. 어찌 보면 세계일주는 모든 사람의 마음속에 품은 로망이다.
어릴 적 나도 막연하게 세계일주를 꿈꿨다. 말레이시아란 나라에 살
며 다양한 인종의 사람들을 만나고 어울리면서 세계에 대한 동경은
더욱 커졌다. 그래서 청소년기 나의 꿈은 남자 승무원이었다. 승무원
이란 단어만 들어도 세계를 누빌 수 있다는 생각에 가슴이 쿵쾅쿵쾅
뛰곤 했다. 남자 승무원이란 직업에 대한 동경보다는 세계일주에 대
한 동경이 더욱 컸었다.

청년이 된 나는 대외활동을 통해서 다양한 해외경험을 무일푼으
로 할 수 있게 됐다. 하지만 이건 세계일주와는 좀 다른 방향의 여행
이었다. 매번 한두 나라 정도를 탐방하고 다시 한국에 돌아오는 일정

이라 항상 아쉬움이 남았다. '조금 더 오래 있고 싶었는데… 이왕 나
간 거 계속 돌아다닐 순 없는 걸까'하며 혼자 아쉬운 마음을 달랬다.

카페베네 해외청년봉사단으로 인도네시아에 갔을 때였다. 같이 봉
사를 간 조승표라는 형님은 봉사를 마치는 대로 한국에 돌아가 세계
일주를 준비하겠다고 공공연히 말하고 다녔다. 나는 그때 다시 세계
일주에 대한 환상에 사로잡히기 시작했다. 그리고는 한국으로 돌아
와 세계일주 관련 책들을 찾아 읽기 시작했다. 그랬더니 실로 대단한
사람들이 눈에 띄기 시작했다. 비빔밥을 알리러 세계일주를 한 비빔
밥 유랑단, 김치를 알리러 버스 하나로 400일간 세계를 누빈 김치버
스, 평창 동계올림픽 유치를 위해 전 세계를 쇼트트랙 쫄쫄이를 입고
세계일주를 한 용감한 형제 등 알면 알수록 세상에는 대단한 사람들
이 많았다. 내 가슴은 쿵쾅쿵쾅을 넘어 진도 8의 지진이 일어날 정도
였다.

나는 다시 일을 벌이기 시작했다. 그때 나의 유년시절을 지켜준
'아리랑'이 중국의 동북공정 문제로 빼앗길 위기에 처해 있다는 소
식이 세계일주에 대한 나의 꿈과 절묘하게 맞아 들어가기 시작했다.
운명의 장난처럼 나는 어느 순간 '아리랑+세계일주' 그러니까 '아리
랑 세계일주'를 기획하고 있었다. 우선 제안서를 만들어 나의 가슴
에 진도 8의 지진을 일으킨 사람들을 만나 조언을 구했다. 비빔밥 유
랑단의 강상균 단장님은 나를 진지하게 멘토링해 주셨고, 김치버스
의 류시형 팀장님도 내 제안서를 꼼꼼히 읽으며 아낌없는 조언을 해
주셨다. 용감한 형제의 배성환 형님도 잊지 않고 명함을 건네며 언제

든 찾아오면 도움을 주겠다고 약속해 주셨다. 꿈을 실현한 그들을 만나며 내 꿈은 더욱 구체화 되었다. 나의 버킷리스트 스토리의 서막을 알리는 종소리가 들려왔다.

팀원도 모집하고 1억 원이라는 큰돈도 카페베네에서 후원받아 하나하나 준비해나갔다. 그리고 마침내 아리랑을 알리러 세계일주를 떠나기 위해 인천공항에 서 있는 날이 왔다. 3.1절 날이었다. 꿈은 참으로 놀라운 지점에서 터지게 된다. 나는 단순히 막연하게 세계일주를 꿈꾸던 평범한 학생이었다. 하지만 무의식 속에 고이 저장되어 있던 나의 꿈이 조승표 형님을 만나면서 의식으로 나오게 되었고, 결국 꿈을 이루는 순간까지 다다른 것이다.

누군가는 버킷리스트를 종이에 적어 날마다 바라보라고 말한다. 하지만 막연하게 보이는 작은 꿈을 마음속에서 키우다 보면 어느 순간 현실이 된다. 물론 머릿속 어딘가, 무의식 속에 있던 꿈이 실체가 되기까지 얼마나 긴 시간이 걸릴지는 모른다. 하지만 나는 원하는 것을 행동으로 옮길 용기만 있다면 그 꿈은 지금 당장에라도 이루어질 수 있다고 믿는다.

경주마가 잘 달릴 수 있게 눈 옆에 장치하는 것을 '차안대'라고 한다. 원래 말은 고개를 움직이지 않고 볼 수 있는 범위가 무려 350°나 된다고 한다. 내가 남자 승무원이라는 꿈을 꾼 이유는 바로 이 차안대 때문이었다. 그러한 꿈은 물론 삶에 엄청난 자극제가 된다. 나는 그 꿈 덕분에 대학에 갈 수 있었고, 어려운 시기에 누구보다 열심히 살 의지도 생겼었다. 그래서 남자 승무원이라는 꿈은 나에게는 참으로 소중한 꿈이었다. 하지만 차안대를 벗고 야생마처럼 넓은 세상을 350° 이상 볼 수 있게 되니, 세계일주를 하는 방법이 곧 남자 승무원이 되는 것이라고 여겼던 고정관념이 깨졌다. 내가 직접 기획하고 판을 만들어 충분히 세계일주를 할 수 있다는 생각을 하게 된 것이다. 시야가 넓어진 것이다.

전 세계 15개국 29개 도시를 117일 동안 여행하고 돌아오는 길에 나는 좀 더 성장해있는 나를 발견했다. 청춘의 버킷리스트를 만들어라. 그리고 차안대를 벗어던지고 시야를 넓혀라. 꿈에 이르는 길은 많다.

KEYWORD 20
동아리

백년가약 열정동아리 'TAYP'을 만들다

> "여러분과 리무진을 타고 싶어 하는 사람은 많겠지만, 정
> 작 여러분이 원하는 사람은 리무진이 고장 났을 때 같이
> 버스를 타 줄 사람입니다."
>
> — 오프라 윈프리

백년가약이라는 말을 한 번쯤 들어봤을 것이다. 백년가약(百年佳
約)이란 일백 백, 해 년, 아름다울 가, 약속 약으로 이루어진 말로, 백
년 동안 함께 하자고 맺는 아름다운 약속을 뜻한다. 이는 배우자와의

약속뿐 아니라 평생 함께하고자 하는 사람들과의 약속을 가리킬 수도 있다. 나는 백년가약을 한 친구들이 있다. TAYP이라는 열정동아리가 바로 그 주인공이다.

학업을 병행하면서 대외활동을 서너 개씩 하며 한참 바쁜 하루하루를 보내고 있을 때다. 대외활동을 하면서 나에게 피가 되고 살이되는 조언을 해주는 열정적인 친구들을 만나게 되었다. 혹자는 대외활동에서 만난 친구들은 오래가지 못한다고들 하는데 나는 그런 말을 믿고 싶지 않았다. 도리어 그런 고정관념을 깨버리고 싶었다. 그래서 더욱 보란 듯이 대외활동을 통해서 백년가약 할 수 있는 친구들을 모으고자 마음먹었다. 나에게 피가 되고 살이 되는 열정을 불어넣어줄 친구들. 우선 친구들을 모으기 전 그 그룹을 부를 이름이 중요하다고 생각했다. 당연히 '열정'이란 키워드가 떠올랐고, 나는 그들의 열정을 누군가에게 불어 넣어주겠다는 의미로 'Talk About Your Passion'에서 따서 'TAYP'이란 이니셜의 이름을 지었다. '타입'이라고 읽어야 하지만, 나는 누군가의 가슴속에 열정을 녹음시켜주고 그렇게 녹음된 열정을 다시 다른 사람에게 소개하는 열정의 선순환을 꾀하고자 테이프(tape)란 의미로 '테입'이라고 읽었다. TAYP이라는 멋진 이름을 짓고 나자 함께할 친구들을 모으는 일만 남았다.

가장 먼저 떠오른 것은 아시아나 드림윙즈에서 만난 무한도전가 이동진이란 친구였다. 최연소로 아마존 마라톤을 뛰고 싶어서 드림윙즈 프로그램에 지원했고 끝내 베스트 3인 안에 들어 아마존으로 가는 경비를 마련한 열정적인 친구였다. 첫눈에 반한 이 친구와는 신기하게도 마음까지 잘 맞아 드림캠프로 떠난 캄보디아에서도 찰떡같이 붙어 다니며 우정을 쌓았다.

두 번째 친구는 송화연이란 친구였다. 워낙 대외활동을 하는 친구들 사이에서 유명한 친구라 나름 팬이었던 친구였다. 대외활동을 통해 해외탐방을 수십 차례 다녀오고, 수 천대 일이라는 놀라운 경쟁률의 펭귄 먹이주기 알바도 합격, 갈라파고스 섬은 물론 아프리카까지 우리가 쉽게 가지 못하는 곳을 제 돈 들이지 않고 다녀온 '대외활동의 여신'이란 호칭이 가장 맞는 친구였다. 세 번째 친구는 이용현이란 친구인데, 카페베네 해외청년봉사단의 선배 기수에 있던 용현이는 첫 장에서도 소개했듯이 한의대를 가기 위해 반수, 재수, 삼수를 거쳐 결국 꿈을 이뤄서 학생증만 3개인 친구였다. 그것도 모자라 남자들이 동경하는 맨즈헬스 쿨가이 선발대회도 진출한 엄친아였다.

이지영이라는 네 번째 친구는 비올라를 전공하는 친구로 동진이의 소개로 공연을 따라갔다가 만난 친구였는데 공연 후 잠깐 동안의 대화로도 그녀의 열정을 느끼기에 충분했다. 디즈니 음악을 너무나 좋아해서 M&M이란 음악단체를 만들고, 매년 디즈니 음악을 연주하는 공연을 열고 있는 친구로서 편도 티켓만 끊어 올랜도 디즈니월드 정문에서 매일같이 비올라 연주를 하다가 디즈니 관계자로의 눈에 들어 담당자 미팅까지 하고 돌아온 대단한 열정가였다.

마지막으로 엄지. 이름처럼 따봉을 외치고 싶은 친구로서 나는 G마켓 해외봉사단 선배 기수인 그녀에게 열정을 배웠다. 사진 활동을 하며 1도씨라는 사진동아리를 만들기도 했고, 어렸을 때 여자 청소년축구국가대표 최종합숙까지 갔다 온 이색적인 스토리를 가진 친구였다. 그녀의 한 마디 한 마디가 가슴을 쿡쿡 찌를 정도로 그녀에게는 가슴 아프지만 아름다운 스토리로 가득했다.

혼자서 이렇게 멤버를 추려보았지만, 각자 분야가 다르고 독특한 사람들이라 서로 잘 맞을지는 미지수였다. 워낙 성격이 강하고 본인의 스토리가 확고하여 기름과 물 같은 사이가 될지도 모르겠단 걱정이 앞섰다. 하지만 쇠뿔도 단김에 빼라는 말이 있듯 나는 이들을 한 자리에 모으기로 했다. 그리고 4월 1일 만우절에 우리는 역사적인 첫 만남을 가졌다. 나는 만남을 갖기 전 자신들의 스토리를 간략하게 피피티로 만들어 오라는 부탁을 했다. 첫 만남에서 우리는 서로의 스토리를 피피티로 소개하는 시간을 가졌다. 서로의 스토리를 듣던 친구들은 낯선 친구들의 스토리를 들으며 마음을 열기 시작했다. 스토리의 강한 힘으로 서로를 연결시켜 주었다.

그렇게 우리 6명은 하나가 되었다. 이렇다 할 목적도 없고 원대한 목표를 세운 것도 아니었다. 단지 서로의 열정을 가슴에 새기고, 앞으로 벌일 열정적인 일들을 공유하는 것만으로도 서로의 존재이유는 분명했다. 우리는 소년원 등 다양한 곳에서 우리의 열정 스토리로 소개하는 강연 콘서트를 열었다. 큰 규모도 아니었고, 우리가 사회적으로 대단한 위치에 있는 사람들도 아니었지만 행복하고 기분 좋게 매 시간 임할 수 있었다. 부담을 가지고 뭔가에 쫓기듯 목적을 이루는 모임을 만들었다면, 우리는 평생을 약속할 수 없었을 것이다. 지금도 우리는 각자의 위치에서 누군가에게 열정 에너지를 나누어 주고 있다.

　큰 모임을 만들어도 좋고, 작은 모임을 만들어도 좋다. 본인이 닮고 싶거나 평생 함께하고픈 사람들이 있다면 그 사람들을 자신의 사람으로 만들어라. 대외활동 혹은 다양한 모임을 다니는 이유 중 하나는 인간관계 때문이다. 몇 년 동안 여러 활동들을 했지만 자신이 했던 모임들 중 내 사람이라고 생각되는 사람 한 명을 만들지 못했다면, 안타까운 말이지만 당신은 시간낭비를 한 것이다. 시간을 낭비했다는 생각이 들기 전에 당신의 사람 즉 백년가약 할 친구를 곁에 둘 수 있기를 바란다.

언론

텔레비전에 내가 나왔으면 정말 좋겠네

"행복한 삶을 살고 싶다면, 사람이나 사물이 아닌 목표에
의지하라."

- 앨버트 아인슈타인

"텔레비전에 내가 나왔으면 정말 좋겠네, 정말 좋겠네." 이 노랫말
은 대한민국 국민이라면 한 번쯤은 들어봤을 것이다. 어렸을 적 자
주 부르던 '텔레비전'이란 동요다. 이 동요는 어린 나에게 기분 좋은
자극을 주었다. 매일 보는 TV에 내가 나오면 얼마나 좋을까? 하지만
녹음된 내 목소리가 낯선 것처럼, 동영상으로 찍은 내 얼굴은 안 그
래도 콤플렉스 투성이인 나에게 큰 충격이었다. 고등학생 때까지 입
을 가리고 사진을 찍는 버릇이 있을 정도였다.

시간이 흘러 청년이 되었을 때, 사실 TV에 나오고 싶은 소망은 어
릴 적만큼 간절하지 않았다. 이전 장에서 언급했듯이 무서운 건 '무
의식'이란 녀석이 나의 어릴 적 꿈을 꾸준히 간직하고 있다는 것이
었다. 나는 매사 특유의 행동력으로 내가 원하고 꿈꾸던 일들을 해내

고 있었다. 그것이 내 삶의 이유이자 행복이었다. 뿐만 아니라 나의
활동들을 블로그를 통해 브랜드화 해나갔다. 하루에도 수백 명의 사
람들이 블로그에 찾아와 내가 올린 콘텐츠를 봐주었고, 나를 좋게 보
신 분들은 강연 요청 등 다양한 제안들도 해오셨다.

그러던 어느 날 MBC에서 한 통의 연락이 왔다. 블로그에서 열정
동아리 TAYP에 대해 잘 보았다며 다큐멘터리에 출연해줄 수 있냐
는 내용이었다. 당시 대학생이던 나에게 갑작스레 기회가 찾아온 것
이다. 너무 놀라웠다. 내가 다큐멘터리에 출연한다니? 프로그램 내용
은 이랬다. MBC에서 하는 특집다큐 '청춘혁명! 나에게 주목하라'에
TAYP 전원이 출연해 헤드헌터들에게 자기소개를 하고 그들과 토론
하는 것이었다. 즉 '스토리 vs 스펙'이라는 주제가 그 프로그램의 핵
심 내용이었다. 헤드헌터들은 역시나 스토리에는 회의적이었다. 하
지만 공통적으로 공감하는 부분은 스토리마저도 스펙이 될 수도 있
다는 것이었다. 자신이 즐겁기 위해 스토리를 만들어왔다는 우리의
이야기로 어느 정도 공감대를 찾았고, 우리의 이야기를 진지하게 듣
던 한 헤드헌터 분께서는 "스토리를 사회와 같이 만들어가야 합니
다."라고 말씀하셨다. 앞서 '꾸준함의 기술'에서 언급한 것처럼 스토
리는 본인이 좋아서 만드는 것도 중요하지만, 그 일을 사회와 공유할
때 더욱 빛을 낼 수 있다. 이런 생각을 나누며 토론은 훈훈하게 마무
리되었다.

토론을 끝내면서 헤드헌터가 한 마디를 덧붙이셨다. "스펙도 물론
중요하지만 자기가 좋아하는 일, 자기 적성의 맞는 일, 회사 일이라

해도 자기가 사랑할 수 있는 일, 그런 일을 하면 평생 행복하게 살 수 있겠죠?" 그렇다. 원래 스토리의 핵심이 꿈과 내가 사랑할 수 있는 일에 매진하는 것이다. 그것이 이번 장에서 말하는 '꿈'에 대한 사랑이다.

이후 '아리랑 유랑단'을 진행하며 수차례 언론에 노출되고 다큐멘터리를 포함해 여러 기회를 통해 TV에 출연했다. 비록 아이돌이나 정치인처럼 자주 TV에 나오진 않지만, TV에 나온 내 모습을 거동이 불편한 할머니와 아들 자랑이 낙인 어머니가 보시고 행복해 한다는 사실만으로도 나는 너무나 행복하다.

세계적인 베스트셀러 저자 만나기

"이끌든지, 따르든지, 비키든지"

- CNN 설립자 테드 터너

어느 토요일 아침, 나는 대학 캠퍼스를 누비고 있었다. 그런데 우연히 공고게시판에 앞에 멈춰서 한 장의 모집공고를 보게 되었다. 이름도 생소한 '세계지식포럼'에서 연사를 수행할 YKL(Young Knowledge Leader)을 모집한다는 내용의 공고문이었다. 내용인즉 세계 유수 석학을 직접 보좌하고 수행하면서 100여만 원이 넘는 참가비를 면제받고 행사에 참가할 수 있는 엄청난 혜택이 있는 활동이었다. 하지만 모집기간이 이미 하루가 지난 것이 아닌가. 그럼에도 왠지 이번에 지원조차 안 한다면 평생 후회할 거라는 생각이 나를 옭아맸다. 해보지도 않고 평생 후회하느니, 하고 후회하는 게 100배 낫지 않는가? 그래서 나는 집에 돌아와 지원서와 과제를 성심성의껏 작성하여 신청했다.

사실 별 기대도 안 했다. 안 하고 후회하는 것보다 하고 해보고 절

반의 후회를 하는 게 낫다는 개인적인 만족으로 지원했던 것이었는데, 서류 합격 통보를 받게 된 것이다. 지원하지 않았더라면 어찌 됐을까? 아마도 지금 이 글을 쓰고 있지 못했을 것이다. 그렇게 나는 면접까지 보게 됐다. 계속되는 영어 질문에 멘탈이 붕괴되는 지경에 이르렀지만, 가까스로 잘 넘기고 나올 수 있었다. 결과는 최종합격이었다. 알고 보니 서류에 합격한 인원들은 웬만하면 합격이 되는 상황이었다. 연사를 수행하는데 이상한 사람인지 아닌지만 확인하는 것 같았다. 최종합격을 하고 나서 해군사관생도와 공군사관생도도 행사에 참여한다는 이야기를 들었다. 흔히 보지 못하는 사관생도들과의 교류 그리고 그들과 함께 하는 연사수행이 너무나 흥미진진해졌다.

첫 모임이 있던 날, 오리엔테이션을 마치고 회장을 선출하는 시간이 찾아왔다. 그런데 생각보다 지원자가 많지 않았다. 그래서인지 연구원님께서 우리에게 한 가지 혜택을 내거셨는데 그건 바로 수행하기 원하는 연사를 직접 고를 수 있는 특권이었다. 다른 지원자가 있더라도 회장이 원하면 무조건 수행할 수 있게 해준다는 파격적인 혜택이었다. 많은 사람이 손을 들 줄 알았는데, 지원자가 나 혼자뿐이었다. 망설일 게 없었던 좋은 혜택을 왜 다들 선택하지 않았는지 의아했다. 지원자가 없었기에 나는 큰 무리 없이 회장이 되었고, 수행할 연사를 직접 고를 수 있는 혜택을 얻게 됐다.

연사들이 결정될 쯤 내 귀를 의심하게 만드는 소식을 접하게 됐다. 내가 가장 좋아하는 세계적인 베스트셀러 저자 말콤 글래드웰이 연사로 확정되었다는 소식이었다. 말콤 글래드웰은 1만 시간 법칙의

"아웃라이어", 1초의 법칙 "티핑포인트" 등으로 우리나라뿐만 아니라 전 세계적인 베스트셀러 작가이다. 그분을 만날 수 있다면 얼마나 큰 영광일까? 내한한 적이 한 번도 없는 그를 볼 방법은 뉴욕으로 날아가는 방법뿐이었는데 운명적인 기회로 나는 그를 보는 것뿐만 아니라 한국에서 직접 수행할 수 있는 기회를 잡은 것이다. 만약 내가 회장을 지원하지 않았다면 그저 먼발치에서 바라보는 것으로 만족해야 했을 것이다.

　세계지식포럼이 있던 당일 고대하고 고대하던 말콤 글래드웰을 만나게 되었다. 생각보다 수척하고 산만해 보이는 그의 모습에도 그의 업적과 아우라 때문인지 배울 점이 있어 보였다. 그를 수행할 수 있는 것만으로도 대단한 영광이었고 잊을 수 없는 감동이었다. 말콤 글래드웰은 세계지식포럼 첫날 새벽 4시에야 한국에 도착하였고 정확히 12시간 만에 인천공항으로 향했다. 얼마나 빠듯한 일정인지 예상되지 않는가? 12시간 동안 그는 한시도 쉴 틈 없이 각종 인터뷰에 연설 심지어 출판 사인회까지 소화했다. 한국이 첫 방문인 그에게 아마도 한국은 정신없는 나라로 기억하지 않을까 걱정될 정도였다. 그

렇게 12시간은 훌쩍 지나갔다. 그는 달(Moon)이라는 특이한 내 이름을 기억해 "Thanks Moon"이라는 말을 남기고 공항으로 떠났다. 셀카는 물론 친필 사인까지 너무나 행복한

시간이었다. 다큐 3일도 아니고 다큐 12시간을 찍은 세계지식포럼. 만약 내가 하루가 지났다고 해서 지원조차 하지 않았더라면, 회장이 되면 귀찮을 일 투성이라고 손을 들지 않았더라면, 내 꿈인 세계적인 베스트셀러 작가 말콤 글래드웰과는 전혀 상관없는 사람이 되지 않았을까? 뭐든지 수동적으로 움직이면 기회는 찾아오지 않는다. 능동적으로 남들이 하기 싫거나 겁내는 일을 주저 없이 질러보라고 말하고 싶다. 그러면 남보다 더 좋은 기회를 잡는 자신을 발견할 수 있을 것이다.

KEYWORD 23
대학원

카이스트생이 되다

"나는 유별나게 머리가 똑똑하지 않다. 특별한 지혜가 많은 것도 아니다. 다만 나는 변화하고자 하는 마음을 생각으로 옮겼을 뿐이다."

- 빌게이츠

나이 서른에 나는 다시 신입생이 됐다. 스무 살 학부 신입생 때와는 사뭇 느낌이 달랐다. 신입생 중에는 20대 중반에서 40대 중반까지의 다양한 연령대가 섞여 있었다. 신입생 OT가 있던 날, 한 선배는 '피똥 쌀 거다'라는 말로 신입생들을 위축시켰다. 그도 그럴 것이 2년 동안 국내 대학원 중 가장 많은 학점인 54학점 이상을 들어야 했고, 방학도 없이 이 과정을 수료하면서 사업과 학업을 병행하고, 어떤 분은 가정까지 돌봐야 했으니 분명 쉬운 일은 아니었다.

하지만 이 과정을 성실히 수행한다면 졸업 직전, 수억 원의 투자금은 물론 카이스트와 SK의 협력으로 사업을 궤도에 오를 수 있도록 만들어준다는 장점이 있었다. 교수님은 이미 매년 학비를 포함

(한 학기 1,260만 원)하여 1억 원이 넘는 돈을 투자받았다며 투자는 벌써 시작된 것이나 다름없다고 말씀하셨다. 이미 투자된 것도 제대로 활용하지 못 한다면 훗날 아무리 투자를 잘 받는다 해도 잘 해내겠냐는 말로 들렸다. 선배들과의 대화에서 사실 이 과정은 수업도 수업이지만 본인이 속한 팀 구성원들에게 얻는 이득이 더 많은 과정이라는 이야기도 들었다. 타 MBA과정과는 다르게(기관투자로 들어온 구성원들이 있는 MBA) 다들 경영자로서 과정에 들어왔기에 그날 배운 것을 바로바로 실전에 도입할 수 있으므로 구성원들이 함께 배우고 커나갈 수 있다는 말이었다.

솔직히 내 개인적인 미래를 위해서라면 문화콘텐츠학, 사학, 문화정책학 등을 배우는 게 맞는 길이겠지만 나와 함께 '아리랑 유랑단'의 길을 걸어가고 있는 가족, 직장 동료들, 전공 연주자들, 나아가 수년간 나를 응원해주는 재외동포들과 그들과 함께하는 수십 년 뒤의 내 모습을 그려본다면 '경영'을 배우는 것이 맞는 것 같았다. 지금 하고 있는 일을 단순히 청년의 시기 1~2년 경험으로 접는다면 경영을 공부할 필요까지 없겠지만, 나는 이 일을 죽을 때까지 해나가고 싶다. 나를 믿고 함께하는 사람들과 평생 이 길을 가고 싶다. 그렇게 만들기 위해서는 어떤 일을 지속 가능하게 만드는 경영이라는 화두를 스스로에게 던져주고, 그것을 위한 배움을 쌓는 것이 지금 내가 해야만 하는 일이다. 결국 가정도, 사업도, 나라도, 자기 자신마저도 잘 유지하고 발전시키기 위해서는 경영이 필요하기 때문이다. 함께 입학한 각양각색의 20명의 동기들 중에는 직원이 17명이나 되는 우수한 사회적 기업을 운영하거나, 세계 어디에 내놔도 뒤지지 않을 아이템을 지닌 사업가도 있었다. 물론 아직 사업 아이템을 정하지 못한 예비 사업가들도 있었다. 하지만 그들은 모두 나와 똑같은 고민을 하고 있었다.

첫 번째. 사업과 학업의 병행
두 번째. 사업의 투자
세 번째. 거주지(대전 본원은 아니지만 홍릉 또한 모두에게 먼 곳임은 분명했다)

이는 먼저 공부를 시작한 선배들도 계속하고 있는 고민이었다. 어떤 선배는 학업과 사업을 병행하면서 믿고 일을 맡긴 사람에게 배신을 당한 적이 있었는데, 그럴 때 가장 가슴이 아팠다고 했다. 반면 어떤 선배는 2년간 공부하면서 직원들과 평생 자신의 사업을 믿고 맡겨도 될 만큼 든든한 신뢰를 쌓았다고도 했다. 어떤 일이 벌어질지는 아무도 모르지만 '자기관리', '사업관리'를 무던히 하다보면 이 과정의 끝에 반드시 얻는 것이 있을 거라는 선배들의 격려는 큰 힘이 되었다. 나는 그 응원의 말을 믿고 달려 보기로 했다. 그렇게 2년이란 시간이 흘렀다. 특성화고등학교를 나와 경기대학교에 입학한 것도 기적이었는데, 카이스트 졸업이라니 감개무량했다. 내가 경영학 석사라니! 물론 졸업까지의 과정은 예상했던 대로 순탄치 않았다. 학업과 사업을 병행하며 54학점을 들으면서 학기당 1,200만 원이라는 장학금을 받기 위해 기준 학점을 반드시 넘어야 하는 부담감을 가지고 학교를 다녀야 했다. 매주 주어지는 리포트와 매달 해야 하는 사업 발표는 할 때마다 늘 최고수준의

스트레스였다. '내가 이걸 왜 시작했지?' 하는 후회가 들기도 했다. 학업 초기 친구 동진이와 통화를 하다가 대성통곡을 할 정도로 힘든 시간이었다. 그렇기에 2년이란 시간은 내 그릇을 키우는 특별한 시간이었다.

학벌세탁, 내가 카이스트에 입학하면서 제일 많이 들었던 말이다. 나는 경기대 졸업생이었는데, 한번도 내 학부를 세탁이란 말처럼 깨끗이 씻어 없애야 할 대상으로 생각하지 않았다. 나에겐 더 없이 깨끗하고 자랑스러운 내 출신 대학교였다. 경기대나 카이스트 두 학교 모두 나에겐 자랑스러운 모교였다. 경기대와 카이스트에 먹칠을 해도 내가 했지, 학교가 나에게 먹칠을 하진 않았다. 그러니 학벌세탁이란 표현보다는 두 학교가 문현우를 세탁했다는 표현이 맞을 거 같다.

대학원을 꿈꾸는 사람이라면 학위 장사를 하는 대학원들을 쉽게 발견할 수 있을 것이다. 나는 정말 내 가치를 올려주고 실제적인 배움을 주는 대학원을 찾아 지원하길 권한다. 물론 그런 학교들은 학부 지원 때만큼이나 힘든 절차를 밟아야 할 것이다. 하지만 그만큼 양질의 교육과 지원, 그리고 단단한 네트워크를 얻게 될 것이다. 단순히

학벌세탁을 목적으로 대학원을 선택하여 간다면 그만한 돈 낭비가 따로 없다. 더불어 꼭 알아야 할 사실은 학교가 나를 180도 바꿔주진 않는다는 것이다. 내가 학교 안에서 부단히 바뀌려는 노력을 해야만 내 역량을 키워나갈 수 있다. 그것은 오직 자기 자신의 몫이다.

졸업은 끝이자 새로운 시작이다. 나는 학교에서 만난 사람들과 연대하며 배운 것을 활용하여 내 업을 좋아하는 일에서 잘하는 일로 만들고 싶다. 입학 당시 한 선배가 한 말처럼 2년간 피똥 싸게 힘들었지만 대학원에서의 시간은 나를 한 뼘 성장시켜주었다.

파워지식인 되기

"너에겐 꿈을 이루기 위한 충분한 시간이 있어."

- 피터팬 중에서

블로거들 사이에선 파워블로거가 되는 것이 버킷리스트 중 하나일 것이다. 나 또한 블로거로서 파워블로거는 선망의 대상이자 꿈이었다. 하지만 블로그 업데이트에 하루를 통째로 투자하는 진짜 파워블로거들을 보며 이 길은 내 길이 아닌가보다 하고 내려놓았던 기억이 난다. 사실 나는 '파워'라는 말 자체에 굉장한 매력을 느낀다. 그래서 파워블러거는 아니더라도 다른 파워 ○○○가 되기 위해 틈새시장을 찾아보기로 했다. 아니나 다를까 틈새시장이 있었다.

바로 '파워 지식인'이 그 주인공이었다. 놀랍게도 내가 지식인에 최초로 답변을 단 것은 11년 전으로, 중3이던 2002년이었다. 당시 나는 어린 나이임에도 불구하고 붉은악마 활동을 하면서 지식인의 전신인 디비딕이라는 곳에서 활동하고 있었다. 경험의 양은 확실히 부족했지만, 검색을 좋아하고 어디서 좋은 내용을 퍼오는 것이 취미 중 하나였기 때문에 복사해온 내용들로 사람들에게 답변하기 시작했다.

그때부터 '스펀지문'이라는 나의 닉네임이 진가를 발휘한 것 같다. 나는 스펀지문이라는 닉네임에 '세상만사 뭐든지 흡수하여 다른 이들에게 엑기스만 돌려드린다'라는 의미를 부여했다. 초창기에는 어디서 내용을 퍼오기 바빴지만, 고등학교에 올라가면서 신발과 패션에 관심이 많아지자 신발 분야에 전문적으로 답변하기 시작했다. 그러다 대학생이 된 이후에는 대학생활 분야를 공략하였고 나만의 전문분야가 쌓이면서 드디어 '파워 지식인'에 선정된 것이다. 비록 파워블로거는 되지 못했지만 파워 지식인이 되어 특별한 버킷리스트를 이루게 됐다.

여기서 내가 말하고 싶은 점은 꿈과 현재의 자기 위치와 모습이 거리가 멀 경우 차선책을 선택하라는 것이다. 이루지 못하는 꿈을 계속 꿈으로만 간직할 것이 아니라, 다른 방향으로 모색하다 보면 원래 꿈은 아니더라도 꿈에 가까운 꿈을 이룰 수 있다. 파워 지식인으로 선정되고 얼마 후 네이버에서 보내준 기념패와 기념품들을 보며 나는 회심의 미소를 지었다.

만약 20대 때의 꿈을 60대까지도 말하고 다닌다면, 그건 버킷리스트를 하나도 이루지 못했다는 말이 아닐까? 반면 이렇게 말하게 될 수도 있다. "20대 때 꾼 꿈과는 조금 다르지만 다른 방향으로 시선을 돌려 차선책으로 선택한 꿈을 이뤘습니다. 조금 다른 모습일지라도 같은 방향의 꿈이기에 제 꿈은 실현되었다고 말하고 싶군요."

4

네 번째 기술

자신감

/

실패를
무서워하지 않는 기술

자신만의 길을 만들어가는
용감한 청년들의 진짜 스토리

청춘의
기술 7 skills

결핍

스토리

목표

자신감

실행

꾸준함

동행

고민은 굵고 짧게

"스물여섯 살이 될 동안 뭘 했을까요… 난"

- 미생 중에서

"저와 함께 '아리랑 세계일주'를 떠날 국악 인재 두 명을 추천해 주시겠습니까?"

2013년 중국의 동북공정에 맞서 아리랑 세계일주를 기획하던 나는 국악에 관한 한 'ㄱ'자도 모르는 초짜였다. 내가 할 수 있는 건 전국 대학의 국악과에 다짜고짜 연락해 국악 인재를 추천해 달라고 요청하는 것뿐이었다. 뜬금없는 나의 제안에 어안이 벙벙한 표정이 수화기 너머로 보이는 듯했다. 당시 세계일주를 떠날 돈도 없고 제안서도 없을 뿐더러 국악도 전공하지 않은, 한마디로 믿을 만한 구석이 하나도 없는 내게 선뜻 인재를 추천해 줄 리가 만무했다. 그렇게 한참 전화를 돌리던 나는 그만 허탈해져 전화기 앞에 앉아있었다. 그런데 10여 분 뒤 전화가 울렸다. 서울대 국악과였다.

"판소리 전공자와 대금 전공자를 추천해 드리겠습니다!"

그렇게 나는 판소리 전공자 신유진과 대금 전공자 임정민을 만나게 되었다. 그들 앞에서 내가 할 수 있는 말이라고는 "어쩌다 이렇게 빠른 결정을 하게 되었느냐?"는 질문이었다. 그들은 "조교님께서 단톡방에 올린 '아리랑 세계일주 선착순 2명'을 구한다는 메시지를 보고 기회다 싶어 바로 지원했다"고 했다. 그들이 나와 함께 세계일주를 떠나겠다고 결정한 것은 몇 날 며칠을 고민한 결과가 아니었다. 불과 10여 분 만에 결정한 일이었다.

나도 그렇고, 그들도 그렇고, 우리의 고민은 굵고 짧았다.

고민을 길게 할수록 그것을 해야 하는 이유보다 하지 말아야 할 이유가 덕지덕지 달라붙는다. 여행을 가려면 어떻게 해야 할까? 비행기 티켓부터 끊으면 된다. 하지만 우리는 숙박, 식사, 비자, 보험 등에 대해 고민하다 떠나지 못하고 미뤄버린다. 우리는 종종 고민을 길게 할수록 좋은 결과에 도달할 것이라고 믿는다. 홍콩 배우이자 감독인 왕가위는 무수한 명작을 만들었지만 "무엇을 시작하기에 충분할 만큼 완벽한 때는 없다"고 말했다. 길게 고민한다고 좋은 작품이 나오는 것은 아님을 방증하는 말이다. 《슬램덩크》를 그린 이노우에 다케히코의 초기작을 보았는가? 1권의 어설픈 그림체와 완결작인 24권의 그림체는 확연히 다르다. 회를 거듭할수록 성장해가는 모습을 그대로 볼 수 있다.

아리랑 세계일주를 떠나려던 나는 어떠했는가? 가야금과 해금도 구분할 줄 몰랐고, 가야금 소리가 어디서 나오는지를 몰라 마이크를 엉뚱한 곳에 설치해 연주자들에게 혼나기도 했을 정도로 초짜였다. 지금은 어떤가? 악기의 구성을 조합하고, 연주자들에게 다양한 기획 안을 제안할 정도로 전문가가 되었다. 만약 초짜인 나를 탓하며 '더 공부하고 떠나자'고 생각했다면 2년이 흐른 지금까지도 세계일주를 준비만 하고 있을지 모른다.

무언가를 꿈꾸는가? 무언가 기획하고 싶은가? 그렇다면 지금 당장 시작하라. 무엇을 시작하기에 완벽할 때란 없다. 백지상태에서 마음껏 그리고, 쓰고, 지우고, 깨지며 배우는 한 과정 한 과정을 통해 살과 근육을 붙여가라. 때를 기다리지 말자. 때는 바로 꿈꾸는 지금이다.

너의 꿈을 키워줄게

"전문가란 그 분야에서 저지를 수 있는 모든 실수를 해본 사람이다."

- N. 보르

첫 대외활동에 합격하기까지 14번 연속 탈락의 고배를 마셨다. 그 이후로도 지원했던 모든 프로그램이 다 잘됐던 것은 아니다. 이번 사례는 미처 내용을 파악하지 못하고 무대포로 밀고 들어간 탓에 실패한 사례이다. 실패는 성공의 어머니라고 했던가. 이런 실패의 순간들이 오히려 나를 더 단단하게 만들었다고 생각한다.

제스프리라는 키위 브랜드에서 뉴질랜드에 함께 갈 뉴질랜드 원정대를 모집한다는 공고를 올렸다. 제스프리 공장 견학은 물론 뉴질랜드 여행까지 전액 무료로 진행하는, 말 그대로 공짜 여행상품이었다. 망설일 것 없이 나는 프로그램에 기필코 합격하여 반지의 제왕의 프로도처럼 뉴질랜드를 누비리라 다짐하며 자신감 있게 밀어붙이기 시작했다. 지원방법은 아주 간단했는데, 자신들이 제작한 제스프리

뉴질랜드 원정대 포스터를 전체공개로 개인 블로그에 스크랩해가는 것이 전부였다. 하나 걸리는 것이 있었는데 지원 자격이 대학생으로 한정된 것이 아니라 카페에 가입한 모든 사람으로 열려있었다. 모집 대상이 모호하다는 것을 보고 회사의 의도를 좀 더 고민했어야 했는데, 뉴질랜드 원정대라는 것에 눈과 마음이 팔려 그런 것은 전혀 생각지 않고 열정이 앞서 무대포로 지원했던 것이 화근이었다.

단순히 스크랩만 하면 될 것을 스펀지문의 플러스알파 정신으로 또 무언가 구상하기 시작했다. 그래서 생각해낸 것이 대학생의 꿈과 연결한 '너의 꿈을 키위 줄게'였다. 언어유희로 나름 재치 있게 제목을 붙인 아이디어는 이렇다.

첫째, 마트에 가서 제스프리 키위를 구매한다. 둘째, 키위를 들고 캠퍼스를 돌며 그들의 꿈을 들어보고 응원하는 차원에서 키위를 선물한다. 셋째, 사진을 찍고 그들과 간단한 인터뷰를 한 뒤 마무리! 나는 캠퍼스를 돌며 후배, 동기, 조교들에게 위 내용을 설명하고 아이디어를 실천에 옮겼다. 다들 즐겁게 자신의 꿈을 말하고 키위를 받으니 누이 좋고 매부 좋은 금상첨화 미션이었다. 그렇게 해서 사진과 내용 등을 꼼꼼하게 포스팅 했다. 내 번뜩이는 아이디어가 담당자들에게 크게 어필할 거라 생각했다. 카페회원의 반응도 폭발적이었다.

합격자 발표 날, 오매불망 전화가 오길 기다렸다. 그런데 저녁까지도 전화가 오지 않았다. 결국 나는 합격자 공지를 확인하러 카페에 방문했다. 그런데 합격자 명단에는 내 이름이 없었다. 합격자들을 훑어보면서 도대체 내가 왜 안 된 것인지 너무 궁금했다. 그래서 합격자들의 블로그를 일일이 찾아 들어가 보았다. 그런데 웬걸 그들은 모두 여행분야 파워블로거들이었다. 내가 불합격한 이유가 명확해졌다. 앞서 설명했던 것처럼 이번 프로그램의 모집 대상은 불특정다수의 카페회원들이었다. 제스프리의 프로모션은 가급적 많은 사람들에게 알려져야 하는 홍보성 프로그램이었기에 대학생들은 그다지 매력적인 모집 대상이 아니었다.

결국 나의 패인은 열정만 있으면 다 될 줄 알았던 무대포 정신이었다. 대체로 모집자격이 열려있는 프로모션들, 즉 일반인들도 지원할 수 있는 관광 관련 프로모션들은 여행 파워블로거들을 가려 뽑는 것이 주목적이고, 그것이 그들에게 이득인 것이다. 어쨌든 뼈아픈 실패로 인해 나는 프로그램의 특성을 좀 더 신중하게 연구해야 한다는 교훈을 얻었다. 무대포 식의 열정도 통하지 않을 때가 있다는 것을 뼈저리게 느꼈다. 지원하는 프로그램의 모집대상을 보고 프로그램의 성격을 꼼꼼히 연구하길 바란다.

나만의 킬러콘텐츠

"모두가 원하지만 아무도 하지 않은 일에 도전하라."

- 페이스북 마크 주커버그

대학교 졸업을 앞두고 선후배, 동기들과 만나면 한숨 섞인 대화가 이어졌다. 취업에 성공하지 못했기 때문이었다. 비단 우리 학교만의 문제는 아니었다. 졸업을 앞둔 모든 청년들의 고민일 것이다. 반면 나는 취업에 대한 걱정이 없었다. 막연하지만 대학교 3학년 때 시작한 아리랑 유랑단의 세계일주가 내 미래를 제시해줄 나만의 킬러콘텐츠라고 생각했다.

그런데 막상 2월에 졸업을 하자 졸업 전의 자신감은 온데간데없어졌다. 무엇 하나 자신 있게 내세울 것이 없었다. 대학생 때부터 다양한 대외활동들을 해왔고 강연 자리도 종종 불려 다녔기에 마치 뭐라도 된 것 마냥 살았는데, 현실의 문은 생각보다 견고했다. 프리랜서의 삶을 살아야 할지, 창업을 해야 할지, 어떻게 활로를 찾아야 할지 고민하며 자신감은 바닥으로 떨어졌다. 그러던 중 나를 사로잡은 창업 공모전이 있었다. 한국관광공사에서 주관하는 관광벤처(창조관광사업공모전)가 그 주인공이었다. 대상을 받으면 무려 5,000만 원의 창업 자본금을 마련할 수 있었고 문화체육관광부 장관상까지 수상할 수 있었다. 내가 지금까지 해왔던 활동들과 아리랑 유랑단의 프로그램을 접목시키면 좋겠다는 생각이 떠올랐고, 난생 처음 사업계획서를 만들기 시작했다.

이전 공모전에서 수상한 분들에게 연락드리고 찾아다니며 다양한 팁들을 수집했고, 그동안의 과정을 곱씹어보며 아리랑스쿨의 프로그램을 더욱 구체화시켜 나갔다. 1,000만 명의 외국인 관광객이 찾는 대한민국에는 수천여 개의 게스트하우스가 있지만, 그 속을 채울 콘텐츠가 부족했다. 그래서 나는 아리랑 유랑단이 전 세계를 누비며 운영했던 아리랑스쿨의 전통문화예술 콘텐츠를 게스트하우스와 접목시킬 것을 제안하였다. 결과는 대성공이었다. 대상을 받은 것이다. 그렇게 해서 나는 처음으로 사업자등록증을 내고 공간을 마련하여

청년 창업가의 길로 들어섰다.

나만의 아이디어와 스토리가 있다면 청년 창업을 꿈꿔 보라고 권하고 싶다. 그에 맞는 공모전을 찾아서 도전해 보는 것도 추천한다. 물론 단순히 지원금을 받기 위해 '청년 창업'에 도전한다면 아이템을 끼워 맞추다 아무 정체성이 없는 청년 창업가

가 될 수도 있다. 그러므로 만일 당신이 청년 창업을 꿈꾼다면 자신만이 내세울 수 있는 킬러콘텐츠가 무엇인지부터 파악해야 한다. 그러면 공모전에서 지원금을 받지 못해도 수단과 방법을 가리지 않고 분명 해낼 수 있을 것이다. 하지만 관심에도 없는 돈 되는 사업에 집중하다보면 앞서 말했듯이 이 사업 저 사업 전전하다 쉽게 포기해버리게 된다.

똥줄 타야 극복한다

"위기는 기회이며, 벼랑 끝에 선 자가 가장 강한 법이다."

- 꿈꾸는 다락방 중에서

흔히 위기 상황에서 '똥줄 탄다'는 표현을 쓰곤 한다. 뜻밖에 위기의 순간이 닥치면 어떻게든 살 궁리를 마련하기 위해 상상할 수 없을 만큼 지혜로워지기도 한다. 나는 이러한 위기관리 능력을 여행을 통해서 많이 배웠다. 한번은 아르헨티나 지하철에서 핸드폰을 눈앞에서 소매치기 당했다. 그 순간 모든 것이 새하얘지고 앞뒤가 안 보였다. 그리고 즉각적으로 지하철 문이 닫히는 상황에서 냅다 뛰어나갔다. 하지만 범인은 이미 도망가고 찾을 수 없었다. 나만 바라보고 있는 단원들에게 당황하지 않은 척 하려고 노력했던 기억이 난다.

시간이 흘러 나는 한국에서 아리랑스쿨을 운영하는 기업가가 되었다. 그러자 핸드폰 소매치기보다 더한 위기상황들을 자주 맞이하게 되었다. 기대 매출을 내야 고정비를 메꿀 수 있는데 수백만 원이 부족하다거나 고객이 서비스에 불만을 가지고 항의를 하는 등의 크고 작은 위기들이 찾아왔다. 나는 경험을 통해 위기상황 속에서 당황하는 것은 독이 된다는 사실을 알고 있었다. 그럴 때 자신감 있고 차분하게 대처해야 한다. 그리고 이 정도의 위기상황은 충분히 넘어갈 수 있다고 직원들을 다독여야 한다.

문제가 터지면 대처방안도 생각하게 되고 그 과정에서 오히려 더 발전적인 방법을 찾게 되기도 한다. 마케터 알바를 채용해서 아리랑스쿨을 알릴 계획을 세우기도 하고, 커뮤니티 사업을 확대하여 모임을 통해 지속 가능한 아이템을 개발하기도 하고, 직접 수업들을 들으면서 커리큘럼을 재점검하고 보완하는 기회로 삼기도 한다. 결국 '똥 줄 타는' 위기 순간이 귀한 기회의 순간이 되는 것이다. 그러므로 위기 순간이 닥치면 당황하지 말고 모든 지혜를 끌어 모으고 목표를 재점검하여 마음을 모으고 이까짓 것 넘어서지 못할 이유가 없다고 외치며 자신감 있게 헤쳐 나가야 한다.

영어는 자신감이다

"자신의 능력을 믿어야 합니다. 그리고 끝까지 밀고 나갈
만큼 충분히 강해야 합니다."

- 로잘린 카터

청년들의 스트레스 중 하나를 뽑으라면 단연 영어일 것이다. 물론
나도 마찬가지다. 초등학생 때 3년간 말레이시아에서 국제학교를 다
닌 경험이 있지만, 너무 어린 시절이라 만족할 만한 수준까지 이르지
못했었다. 그러던 어느 날 나에게 국제방송사인 아리랑TV에서 인터
뷰 요청이 왔다. 《하트 투 하트》라는 프로그램인데 내가 활동하는 아
리랑스쿨과 아리랑 유랑단을 소개하고 싶다는 것이었다. 나는 별다
른 고민을 하지 않고 인터뷰 제안을 덥석 받아들였다. 그런데 생각해
보니 아리랑TV는 국제방송이었고 인터뷰는 영어로 진행해야만 했
다. 물론 한국어로도 진행할 수 있기 때문에 언어를 선택할 수는 있
었다. 나는 망설일 것 없이 한국어를 선택했다. 어설프게 영어로 했
다가 전 세계적으로 망신을 당할 수도 있기 때문이었다. 드디어 녹화

당일, 다행스러운 건 1대1
인터뷰가 아닌 아리랑 유랑
단을 함께 운영하는 양동진
매니저님과 함께였다. 그런
데 매니저님은 초, 중, 고,
대학교까지 필리핀에서 나

와 일상생활에서도 영어를 쓰셨기에 영어 인터뷰가 가능했다. 그녀
가 나에게 이 기회가 아니면 언제 국제방송에서 영어 인터뷰를 할 수
있겠냐며 어린 시절 배운 영어라도 해보라고 부추겼다. 그렇게 해서
나는 당일 작가님에게 말씀드리고 영어 인터뷰를 진행하기로 했다.

숏이 들어가자 영어 인터뷰는 역시나 보통 일이 아니었다. "문화
에서 다름은 틀림이 아닙니다. 다른 것일 뿐"이라는 말을 영어로 하
려고 하니 어찌나 어렵던지, 문법은 다 틀리고 단어도 적절하지 않았
지만 내 스토리였기에 자신감 하나로 40분을 영어로 떠들어댔다. 그
렇게 정신없이 모든 인터뷰가 끝나고 나는 큰 교훈 하나를 얻었다.
영어 공부를 열심히 하는 것도 중요하지만, 영어는 좀 서툴더라도 자
신감만 있으면 내 이야기를 충분히 멋지게 영어로 말할 수 있다는
사실이었다. 말을 할 때 언어 실력보다 말하는 내용이 더 중요하지
않은가? 영어로 말하고 싶은 내 이야기가 있다면 실질적인 동기부여
가 될 것이고, 거기에 자신감만 장착한다면 내가 몰랐던 영어 실력이
튀어나올 수도 있다.

당신은 언제 행복하십니까?

"대부분의 사람들은 자신이 마음먹은 만큼 행복하다."

- 아브라함 링컨

'행복하십니까?' 라는 질문에 대답하는 것은 어렵다. 지금까지 내가 착각하고 살았던 행복은 경쟁에서 이겨 좋은 성적을 거뒀을 때나 좋은 상을 받아 많은 이들로부터 인정을 받았을 때였다. 대부분 사소한 일을 성취할 때 사람들이 별것 아닌 일로 치부해버렸기 때문이다. 나는 노력 끝에 대학 시절 대통령상과 3번의 장관상을 수상했다. 그리고 1억 원을 후원받아 아리랑을 알리겠다며 세계일주까지 했다. 모든 순간이 상상 속 이야기 같이 대학생으로서는 이루기 어려운 일들이었기에 많은 이들의 인정과 박수를 받을 수 있었다. 하지만 그때뿐이었지 그것이 궁극적으로 나를 행복하게 만들어주지는 않았다.

아리랑 유랑단 출국을 앞둔 어느 날, 공항버스를 탔는데 숨이 턱 막혔다. 숨이 안 쉬어지고 당장이라도 창문이 없는 버스를 비상탈출용 망치로 뚫고 나가고 싶었다. 나는 눈을 감고 심호흡을 하며 기분 좋은 생각을 하려고 노력했다. 간신히 위기를 넘기고 공항에 내리자마자 약국으로 가서 내 상황을 설명하고 처방을 받아 약들을 챙겨 비행기를 탔지만, 결국 그 약들을 먹진 않았다. 실제로 나를 회복시켜준 것은 나를 기분 좋게 만들어주는 '행복했던 기억'이었기 때문이다.

구글X를 만든 성공적인 엔지니어인 모가댓은 자신의 아들이 죽자 《행복을 풀다》라는 책을 출간했는데 그 책의 요지는 외부가 아닌 내 안에서 행복을 찾아야 한다는 것이었다. 멀리서 행복을 찾지 말고, 내가 언제 행복한지에 대해 리스트를 작성한 다음 행복할 수 있는 시간을 많이 만들어야 행복해질 수 있다. 우리가 불행한 이유는 현실에서 바꿀 수 없는 문제에 대해 끊임없이 생각하기 때문이다. 우리는 부정적인 생각을 불러일으키는 뇌의 작용에 브레이크를 걸어야 한다. 놀랍게도 내가 적은 행복의 순간들은 너무나 소소하고 단순했다. 행복은 가지지 못한 것을 가지려는 욕심보다 이미 가진 것에 대해 감사하는 데서 찾아온다. 아침에 시원한 물 한 컵을 꿀꺽 마실 때, 추운 날 따뜻한 물로 샤워할 때, 광화문을 거닐다 가장 좋아하는 떡국을 사 먹을 때 등 행복은 멀리 있지 않았다. 머릿속에 부정적인 기운과 감정이 엄습할 때 적어놓은 행복 리스트를 떠올려보자. 어느덧 당신은 행복한 당신과 만나고 있을 것이다.

KEYWORD 31
휴학

움츠렸다 뛰어야 더 높게 도약한다

"휴식은 게으름도 멈춤도 아니다. 휴식을 모르는 사람은
브레이크가 없는 자동차 같아서 위험하기 짝이 없다."

- 헨리포드

당신의 인생에서 아무것도 하지 않고 살 수 있는 1년이 주어진다
면 당신은 무엇을 할 것인가? 직장을 가지게 되면 이건 꿈같은 이야
기가 될 것이다. 하지만 청춘에겐 기회가 있다. 1년 혹은 몇 년을 하
고 싶은 일을 할 수 있는 '휴학'이라는 제도. 영미권에서는 '갭이어'
라는 제도다. 갭이어는 중등교육을 마치고 고등교육을 앞둔 학생들
에게 1년간 봉사, 여행, 인턴 등을 통해 진로를 탐색할 수 있는 시간
을 주는 것이다. 무려 1960년대부터 영국에서 시작한 제도다. 반면
우리는 초등학교 6학년, 중학교 3년, 고등학교 3년을 쉼 없이 달린다.
그것도 모자라 경력에 공백을 남기지 않기 위해 휴학이라는 제도가
있음에도 대학 4년을 한 번에 마치고 바로 신입사원으로 입사한다.
그리고는 수십 년 회사생활을 한다.

그럼 도대체 나를 돌아볼 시간은 언제일까? 인생의 어느 시기에 나는 누구일까에 대한 고민을 제대로 할 수 있을까? 우리는 고민할 시간이 너무 없다. 자신에게 휴학이라는 일련의 시간을 선물로 주면 어떨까? 1년쯤 남보다 느리게 간다고 해도 괜찮지 않을까?

그렇다면 휴학 기간에 무엇을 하면 좋을까? 우선 본인이 하고 싶은 것들을 버킷리스트처럼 적어보길 바란다. '격하게 아무것도 하지 않는 하루를 보낸다.', '동남아 배낭여행을 떠난다.' 등등. 그중에서도 내가 권하고 싶은 건 '격하게 아무것도 하지 않는 것이다'이다.

'꽃보다 할배' 시리즈를 만든 나영석 PD는 힘든 여행 프로그램을 만들다 너무 지쳐 작가에게 휴가를 준다면 무엇을 하고 싶으냐고 물었다고 한다. 그러자 '나는 여행도 싫고, 남자도 싫다. 그저 시골에 가서 빗소리를 들으며 김치전을 찢어 먹고 싶다.'라고 대답했다고 한다. 바로 이거다! 나영석 PD는 작가의 이야기에서 착안하여 하루 종일 밥만 해먹는 '삼시세끼'라는 프로그램을 만들어 성공했다. 비슷한 시기에 럭셔리하우스에서 파티를 하고 여러 미션을 수행하는 프로그램이 시작했지만 실패했다. 이유는 간단했다. 럭셔리하우스는 누구나 빌리거나 거주할 수 있는 곳이 아니었다. 특히 청춘들에게는 금수저가 아닌 이상 먼 이야기였다. 나영석 PD는 이 프로그램의 실패 요인에 대해 '수용 가능하지 않은 판타지'라고 말했다.

청년들은 지금 당장 휴양지의 고급 빌라로 떠날 수 없다. 하지만 우리에겐 그것 없이도 즐길 수 있는 하얀 도화지 같은 젊음이 있다. 언제 어디서나 바로 '수용 가능한 판타지'를 즐길 수 있다. 집에서 뒹

굴어도 좋으니 몇 달 아니 1년간 자기 자신을 돌아보고 고민하는 시간을 자신에게 선물해 보자.

나는 대학 시절 라섹 수술을 하였다. 일주일을 꼬박 눈도 뜨지 못하고 밥 먹고 자고, 약 먹고 자고를 반복했다. 피부는 뽀얗게 됐지만 좀이 쑤시기 시작하더니 이내 머릿속에는 하고 싶은 일들로 가득 채워졌다. 그리고 눈이 떠지면 바로 블로그 운영을 시작해야겠다는 목표가 생겼다. 결국 나는 눈이 완전히 회복된 뒤 '스펀지문의 세상만사 흡수기'라는 블로그 운영을 시작하였고, 블로그를 활용하여 해외 탐방 프로그램에 대거 합격할 수 있었다. 휴학이든 휴가든 바쁘게 움직이는 남들과 비교하면 멈춰있는 것 같지만, 이는 개구리가 잔뜩 움츠렸다가 멀리 뛰는 것처럼 더욱 높게 도약할 수 있는 발판이 될 것이다. 두려워하지 말고 잠시 멈추어라. 그래야 긴 인생의 고개를 힘차게 넘을 수 있다.

잘생긴 거 내 덕 아니고, 못생긴 거 내 탓 아니다

"외모는 바꿀 수가 없어요, 그러니 우리의 시선을 바꿔야죠."

- 영화 원더 중에서

인스타그램에서 자신감을 검색하면 주로 미용과 관련된 아이템들
이 주를 이룬다. 가꾸고 꾸미고 싶은 청춘의 시기, 화장을 하고 몸매
를 위해 다이어트를 하며 외모를 통해 자신감을 올린다. 나 또한 마
찬가지였다. 군에서 헬스에 빠져 식스 팩도 만들어 봤고, 지금도 얼
굴에 bb크림을 바르고 왁스로 머리를 손질하며 부지런히 나를 가꾼
다. 외모가 어느 정도 자신감과 관련이 있는 것은 사실이다. 외모를
잘 가꾸면 자신감도 상승하고 자존감도 올라갈 수 있다. 하지만 돈에
도 만족이 없듯 외모에도 만족이 없다. 그래서 마음에 들지 않는 부
위를 성형하기도 한다. 그런데 성형은 하면 할수록 더 욕심이 생겨
굳이 하지 않아도 될 부위까지 칼을 대게 된다. 나는 어린 시절 긴 얼
굴과 돌출형 입 때문에 늘 입을 손으로 가리고 사진을 찍었다. 시간
이 지나고 보니 어리고 귀여울 나이에 왜 그렇게 사진을 찍었는지

후회가 들었다. 나이가 들어가면서 누가 놀리건 말건 내가 이렇게 태어난 것은 내 탓이 아니라는 생각에 자연스럽게 나를 있는 그대로 사랑하게 되었다. 내가 게으르고 노력하지 않은 결과 때문에 사람들에게 손가락질 당한다면 할 말이 없다. 하지만 외모는 신과 부모님이 만들어주신 결과물이지 내 노력으로 나타난 결과물이 아니다.

그렇기에 잘생긴 외모를 가졌다 해서 자만할 필요가 없고, 못생겨서 의기소침할 필요도 없다. 김제동은 이렇게 말했다. '잘생긴 건 내 덕이 아니고, 못생긴 것도 내 탓이 아니다.' 잘생긴 사람들이 자기가 잘생긴 걸 아는 것은 못생긴 사람 덕분이라는 그의 말에 공감했다. 남의 평가에 연연하는 데 시간낭비 하지 말자.

5

다섯 번째 기술

실행

/

상상하던 것을
현실로 만드는 기술

자신만의 길을 만들어가는
용감한 청년들의 진짜 스토리

7 skills

결핍

스토리

목표

자신감

실행

꾸준함

동행

실행력을 높이기 위한 3단계

"이봐, 해봤어?"

- 현대 고 정주영 회장

강연을 가서 학생에게 자주 듣는 질문 중 하나가 생각은 거창한데 실행하기가 어렵다는 것이다. 그런 친구들을 위해 내가 다양한 도전을 하면서 깨달은 실행력 3단계를 공유한다.

1. 보험을 없애라

절벽 앞에 나를 세워라. 내가 대학 시절 대외활동을 통해 13번이나 해외에 나갈 수 있었던 것은 집안 사정상 이 방법이 아니면 해외에 나갈 수 있는 방법이 없어서였다. 우리는 심리적 안정을 위해 알게 모르게 보험을 만들어둔다. '이게 안 되면 어떡하지'라는 생각으로 플랜B를 만들기보다 이것 아니면 절대 안 된다는 생각으로 플랜A에 올인 하는 것이 필요하다.

2. 기한을 적어라

테드 연사로 선 팀 어반은 '할 일을 미루는 사람의 심리'란 강연에서 미루는 것을 방지하는 가장 큰 솔루션을 '기한'이라고 했다. 우리는 막연한 목표를 세워두고 지지부진하다가 결국 때를 놓치는 실수를 반복한다. 나의 경우 지원하고 싶은 프로그램을 찾으면 꼭 기한을 꼭 적어두었다. 그러면 꼭 좋은 결과가 아니더라도 목표했던 것을 '실행'으로 옮길 수 있었다. 시작이 반이라고 하지 않던가. 실행한 것만으로도 반은 성공이다.

3. 공표하라

내가 《청춘의 기술》을 출간 준비하면서 계약서를 페이스북에 올렸던 이유는 열심히 쓰고자 하는 마음가짐을 다잡기 위해서였다. 하고자 하는 마음을 먹었다면, 초심을 담아 남들에게 소개하고 자랑하자. 대부분의 사람은 결과만 SNS를 통해 자랑하는데, 결과가 아닌 시작의 포부를 남긴다면, 뱉은 말을 지켜내고 싶어서라도 노력하게 된다. 남들에게 말만 거창한 놈으로 찍히고 싶은 사람이 어디 있겠는가. 덤으로 주변 지인들로부터 응원과 도움을 받기도 한다. 최근에 나는 손톱 물어뜯는 버릇을 고치겠다고 공표한 뒤 벌써 수주일째 손톱을 기르고 있다.

공모전 거창한 게 아니다

"최초의 충동을 유지한 자만이 꿈을 이룬다."

- 만화 20세기 소년

학창 시절에 어떤 상을 받아봤는가? 우수상? 개근상? 대학생이 받을 수 있는 상은 무궁무진했다. 고등학생 때 받을 수 있는 상의 수십 배, 아니 수백 배나 많은 기회가 널려 있다. 공모전, 대외활동 우수상, 각종 대회 수상 등. 대학생이 되어 받을 수 있는 각종 상은 나를 설레게 했다. 우여곡절 끝에 첫 대외활동에 합격하고 나서 자신감이 생겼다. 자신감은 정보의 더듬이를 바짝 올릴 수 있는 촉매제 역할을 해주었다. 첫 대외활동인 기아 글로벌 워크캠프를 떠나기 전 외국 친구들에게 나눠줄 기념품을 찾으면서 한국 홍보 단체인 '반크'라는 단체를 알게 되었다. 돈을 주고도 사기 힘든 한국 기념품들을 무료로 나눠주는 공헌 프로그램을 진행하고 있었다. 또한 반크는 진로와 함께 '한국 홍보전사 300인'이라는 대외활동과 공모전을 혼합한 프로그램의 지원자를 모집하고 있었다.

모집대상은 곧 해외로 떠나는 유학생 혹은 배낭여행자들이었고, 혜택은 그들이 해외에 나가기 전 한국 홍보 교육과 홍보기념품을 지급 등의 지원이었다. 더불어 해외 홍보활동 결과를 보고서로 제출하면 선별하여 상장과 상품을 주는 혜택도 뒤따랐다. 망설일 것 없이 나는 그 프로그램에 지원하였고, 300명의 다른 친구들과 함께 한국 홍보교육과 기념품을 받을 수 있는 기회를 잡았다.

기아자동차에서 보내주는 글로벌 워크캠프에 참석하기 위해 나는 프랑스로 떠났다. 하지만 나는 하나의 기회만 잡은 것이 아니었다. 반크와 진로에서 진행하는 '한국 홍보전사 300인'의 기회를 하나 더 잡아서 프랑스로 떠났던 것이다. 나는 워크캠프가 진행되는 동안 자연스럽게 외국 친구들에게 반크에서 받아온 한국 홍보기념품을 주며 한국을 알렸다. 그리고 워크캠프 마지막 날인 'International day'에 비빔밥, 계란말이를 선보이며 반크에서 받아온 비빔밥 엽서를 함께 전시하였다. 외국인들의 반응은 가히 폭발적이었고, 이는 고스란히 나의 카메라에 담겼다. 나는 한국에 돌아와 사진들과 함께 포스팅을 시작했다. 총 4편, 3장으로 이야기를 전개하는 포스팅을 하였고, 반크 보고서 업로드 게시판에 최종 등록하였다. 그 결과 나는 300명 중에서 우수활동상을 수상할 수 있었다.

공모전이라고 해서 꼭 밤을 새며 엄청난 양의 PPT 기획서를 만들어야 하는 것은 아니다. 공모전의 종류는 수기, 마케팅(IMC전략) 기획서, 광고 등 광범위하다. 대학생이라면 누구나 다양한 공모전 중 선택해서 지원해 볼 만하다.

대외활동이나 공모전에 관심이 있는 친구들은 나에게 팁을 물어본다. 그래서 열정적으로 많은 정보를 제공해주지만, 막상 어찌 됐는지 물어보면 지원 시기를 놓쳤다느니, 지원할 겨를이 없었다느니 등의 핑계만 늘어놓는다. 대외활동을 하는 와중에도 마찬가지다. 초반에 뜨거운 열정으로 시작한 동기 중 후반부에 보이지 않는 친구들이 허다하다. 이 둘의 공통점은 최초의 충동을 유지하지 못한 것이다. 만화책 21세기 소년에 나온 명대사 중에 '최초의 충동을 유지한 자만이 꿈을 이룬다.'란 대사가 있다. 나는 이 대사를 참 좋아한다. 대외활동이든 공모전이든 아니 인생사 어떤 일이든 최초의 충동을 유지하는 사람만이 유종의 미를 거둘 수 있다.

'한국 홍보전사 300인' 발대식에 갔을 때 교육장에는 300명의 설레는 표정을 한 청년들이 앉아 있었다. 그런데 마감 날 올라온 보고서는 손으로 셀 수 있을 정도였다. 나는 첫 교육일 날에 마감기한을 체크하고 꼭 수상하고야 말겠다고 다짐했고 행동으로 옮겼다. 내 포스팅을 본 누군가는 이 정도로 상을 받을 수 있냐고 반문할 수 있겠지만, 내가 상을 받을 수 있었던 이유는 정말 단순하다. '최초의 충동을 끝까지 유지했기 때문이다.'

나중에 소개하겠지만, 10개월간의 국민은행 KB캠퍼스스타 활동 때도 우수활동상을 받아 체코, 오스트리아를 해외 탐방할 수 있는 기회를 잡을 수 있었던 이유는 최초의 충동을 유지했기 때문이었다.

'기회'에 'ㄱ(기억)'을 덧붙이면 '기획'이 된다

"'기회'에 'ㄱ(기억)'을 덧붙이면 '기획'이 된다."

어른들에게 청년은 말한다.

"꿈이 없어요."

꿈이 없는 청년에게 어른들은 제안한다.

"좋아하는 것을 해."

청춘은 다시 말한다.

"좋아하는 것이 뭔지 몰라요."

내 직업은 '한국문화기획꾼'이다. '뭐 그런 직업이 있어?' 하고 머리를 갸우뚱 할 것이 분명하다. 내가 만든 직업이니 '듣보잡(듣지도 보지도 못한 직업)'인 것은 당연하다. 이 직업을 만들고 이름까지 붙이고 나서 가장 많이 받은 질문은 "그것도 직업이니?" "돈벌이는 되니?"였다. 이런 핀잔을 들으면서 직업을 '선택'이 아닌 '창조'한 이유는 무엇일까?

2011년 우리의 민요 아리랑을 중국에 빼앗길 위기에 처했다. 소위 '동북공정'의 일환이었다. 국가적 위기였지만 위기는 곧 기회라는 말처럼 나는 이 일을 계기로 기획에 눈 뜰 수 있었다. 대학생 신분이던 나는 세계일주를 하며 '아리랑'을 전 세계에 알리기 위해 '아리랑 유랑단, 아리랑 세계일주'라는 프로젝트를 기획했다. 한복, 태극기, 독도 등 한국을 알릴 수 있는 것은 많았다. 앞서 말했듯이 나는 그중에서도 전 세계에 '아리랑'을 알리고 싶었다.

자, 정리해보자. 내가 창조한 나의 직업 이름에서 '기획'은 '기회'에 어린 시절의 '기억'을 덧붙인 것이다. 자신의 미래에 대한 해답은 지금까지 자신의 모든 직간접 경험에 대한 기억에서 찾을 수 있다. 따라서 청년들은 경험에 갈증을 느껴야 한다. 자신의 미래와 직업을 스스로 선택하거나 만들어 가기 위해서이다.

나는 '아리랑 세계일주'라는 남들은 하지 못한 경험을 통해 한국 문화를 알리고 기획하는 일에 미친 듯이 빠져들었다. 그리고 '어떤 일을 전문적으로 하는 사람'이라는 뜻의 접미사인 '꾼'을 붙여 '한국 문화기획꾼'이라는 나만의 직업을 만들었다. 여행을 떠나든, 도서관에서 온종일 책을 읽든, 영화를 보고 다양한 사람에게 자문을 하든 모든 기억은 분명 무의식에 차곡차곡 저장되어 어떤 상황과 맞닥뜨리는 순간 불꽃을 일으키며 길을 안내한다. 창조란 결국 경험이라는 기억을 통해 태어나고 자란다. 그러니 머릿속에서 '귀찮다'는 세 글자를 지우고 지금 당장 밖으로 나가보자.

부산 좀 다녀오겠습니다

"그냥, 해버려!(Just do it)"

- 나이키 슬로건

잠시나마 뉴요커가 되고 싶었다. 타임스퀘어를 활보하고, 자유의 여신상 흉내를 내며 내가 뉴욕에 왔노라고 외치고 싶었다. 하지만 뉴욕에 가려면 왕복 티켓 값만 200만 원에 체재비까지 포함하면 학생에게는 엄두도 안 날 돈이 필요했다. 그런 돈은 내 수중에도 없었고, 우리 집에도 없었다. 그러던 중 눈앞에 놀라운 모집 포스터가 환한 미소로 나를 반기고 있었다. 바로 하나투어에서 주최하는 '투어챌린저'라는 프로그램이었다. 그토록 원하던 뉴욕을 갈 수 있는 기회였다. 자유의 여신이 두 팔 벌려 나를 반기고 있는 것 같았다.

'챌린저'라는 이름에서 유추할 수 있듯이, 프로그램은 주제에 맞게끔 리포트를 제출하는 것이었다. 그중 우수 리포트를 제출한 사람에 한해서 면접을 볼 기회가 주어졌다. 나는 뉴욕을 벤치마킹하여 부산에 접목할 좋은 아이디어를 찾아야만 했다. 머릿속을 스치는 한 가지 생각은 '무작정 부산으로 떠나자!'였다. 아이디어가 떠오르지 않을 때 '무작정'이라는 세 글자를 덧입히면 의외로 일은 쉽게 풀릴 수 있다. '무작정'이라는 전략을 쓰기 위해서는 '귀찮음'이라는 친구를 떼어내야 한다. 귀찮음이란 친구 때문에 무작정 실행해 보지도 않고 포기하면 이번엔 후회라는 친구 나를 괴롭힐 게 뻔하니까.

미션 중에는 부산에 벤치마킹할 뉴욕의 인프라에 대한 리포트도 있었지만, 부산의 핫플레이스를 소개하는 미션도 있었다. 인생을 살다보면 누군가의 부탁을 받기 마련인데 하나를 부탁받았을 때 두 개를 해준다면, 부탁한 사람 입장에서는 당연히 그 사람에게 눈이 가게 되어있다. 그 정성에 감복하는 것이다. 내 경험상 이 법칙은 모든 일에 적용되어 나에게 큰 유익을 안겨 주었다. 그래서 나는 하나를 알리기보단 시리즈물로 부산을 알리기로 작정했다. 이는 '무작정' 떠난 부산 기차 안에서 떠오른 생각이었다. 나는 '숨은 ○○'시리즈를 연재하기로 하고 아침 일찍 도착한 부산에서 동에 번쩍 서에 번쩍 움직이기 시작했다.

이것이 끝일까? 당연히 아니다. 나는 전 기수의 선배들에게 일일이 연락하여 약속을 잡고 그들을 인터뷰하기로 하였다. 그들이 느끼는 '하나투어 투어챌린저'란 어떤 활동이고, 합격 노하우는 무엇이며, 어떤 가치와 경험을 얻고 왔는지를 담기로 했다. 앞서 말한 대로 나는 한 개의 미션을 넘어서 이미 두 배를 넘어선 미션을 수행한 것이다. 담당자가 나를 모를 레야 모를 수 없게 만든 것이다. 그리고 '부산 관광발전 방안 수립을 위한 뉴욕 탐방 계획서'는 뉴욕의 브로

드웨이를 벤치마킹하는 연극 활성화 방안을 내놓았다. 부산에 위치한 극장들을 하나하나 찾아다니며 담당자를 만났고, 문제점 및 발전 방안까지 담은 결과물을 완성할 수 있었다. 이 모든 일이 무작정 떠난 부산에서 하루 만에 벌인 일들이다.

때로는 망설이고 오래 고민하면 할수록 문제가 더 미궁 속에 빠질 수 있다. 그럴 땐 일단 저지르고 보자는 식으로 무작정 부딪히고 봐야 한다. 그러면 자신도 상상하지 못한 훌륭한 결과가 도출된다. 고민은 굵고 짧게, 일단 저지르고 보자. 부산으로 내려가는 4시간여 되는 시간 동안 아이디어가 샘솟듯이 나왔다. 그리고 나는 이 미션들을 하루 만에 처리할 수 있었다. 물론 돌아와 다양한 콘텐츠 구성부터 포토샵 작업까지 시간이 좀 소요되긴 했다. 하지만 머뭇거리고 가만히 앉아 생각만 했다면 마음속에서 귀찮음이라는 친구가 꿈틀거리며 '에이, 안 되겠는데…그냥 하지 마!'라고 속삭였을지도 모른다.

곰돌이 인형으로 뉴욕에 가다

"황금은 땅속에서보다 인간의 생각 속에서 더 많이 채굴
되었다."

- 작가 나폴레온 힐

　행동으로 첫 번째 관문을 무사히 넘었다면 면접에서는 '상생'이라
는 키워드를 사용했다. 서류에 합격한 나에겐 두 번째 관문인 면접이
기다리고 있었다. 내가 속한 2조의 조원 명단은 이미 공개되어 있었
다. 평범하게 모범적인 면접 방식으로 준비하면 될 것이었다. 하지만
내 이번 면접 콘셉트는 매뉴얼과는 좀 달랐다. 나는 얼굴도 모르는
조원들과 모두 함께 뉴욕에 가고 싶었다. 어떤 방법을 써야 할까? 고
심하던 중 두 곳에서 힌트를 얻었다. 서점 잡지 코너와 다이소다. 나
는 신기하게도 그곳에 가면 이상하리만큼 좋은 아이디어가 떠오른
다. 서점 잡지코너에서 본 '곰 인형 효과'가 생각났다.
　곰 인형 효과는 이렇다. 긴장하거나 스트레스를 받는 순간에 곰 인
형을 껴안고 있으면 긴장이 풀린다는 것이다. 나는 조원들이 긴장하

지 않게 하면서도 그것을 우리 팀을 튀게 보이는 전략으로 활용하고 싶어 다이소로 가서 곰돌이 인형 4개를 샀다. 곰돌이 인형을 구입하는데 든 비용은 8천 원. 뉴욕으로 가는 8천 원짜리 티켓이란 생각에 절로 기분이 좋아졌다. 곰돌이 인형에 이미 공개된 조원들의 이름을 명찰로 만들어 부착했다. 그리고 면접 당일, 나는 처음 보는 그들의 이름을 부르며 곰돌이 인형을 하나씩 건넸다. 처음 보는 조원이 주는 곰돌이가 어찌 당황스럽지 않겠는가. 그들은 모두 영문도 모른 채 곰돌이 인형을 들고 면접장으로 입장했다.

　곰돌이 인형을 들고 들어온 우리를 본 면접관들은 당연히 궁금하게 여겼다. 인형은 어디서 났냐는 질문에 조원들은 일제히 나를 지목했다. 나는 면접관에게 답했다. "우리는 한 배를 탔습니다. 한 배를 탔기에 처음 보는 이들이지만 함께 뉴욕에 가고 싶습니다. 그래서 '곰 인형 효과'를 접목시켜 곰돌2조로 조명을 붙이고, 조원들이 긴장되는 면접 자리에 떨지 않도록 곰 인형을 준비했습니다. 모두 함께 합격하고 싶은 마음에서 준비한 것입니다." 결과는 어떻게 됐을까? 우리 조 네 명은 모두 합격하여 뉴욕행 비행기에 탑승할 수 있었다.

　면접 자리에서 만나는 같은 조원을 경쟁자로 볼 수도 있을 것이다. 하지만 내 생각은 다르다. 내가 면접관이라면 자기 혼자 돋보이는 면접자를 원치 않을 것이다. 오히려 팀원과 융화되는 모습을 열심히 찾아보려 할 것이다. 나는 팀원과 함께하고 싶다는 열망과 뉴욕에 가서도 그들과 문제없이 멋진 활동을 할 것이라는 기대감을 심어준 것이다. 면접을 앞둔 분이 있다면 내가 돋보이는 아이디어도 좋지만 조원 모두가 하나 되는 아이디어를 구상해보는 것도 좋은 방법이다.

고정관념

영화관에서 영화 혼자 보기

"뭔가를 할 수 없다는 게 중요한 게 아냐, 무얼 할 수 있
느냐지."

- 만화 보노보노

데이트 장소 중 1순위가 영화관이다. 그만큼 애인과 함께 영화관
에 앉아 팝콘과 먹으며 영화를 보는 것은 흔한 여가생활 중 하나다.
사실 나는 27살까지 가장 혼자 하기 싫은 일 중 하나가 혼자서 소주
마시기였고, 다른 하나는 혼자 영화관에서 영화 보기였다. 보고 싶은
영화가 있어도 같이 볼 사람이 없으면 차라리 안보고 DVD가 나올
때까지 기다리는 스타일이었다. 왜냐면 영화관에서 혼자 퇴장하는
사람들의 뒷모습이 쓸쓸해 보였기 때문이다. 어디까지나 나의 고정
관념이었다.

하루는 마음먹고 혼자 영화관에 갔다가 도저히 표를 끊지 못하고
그냥 집으로 돌아온 날도 있었다. 나에게 영화관은 영화를 보러 가는
곳이 아니라 어디까지나 사랑하는 사람 혹은 절친한 사람들과 여가

생활을 보내는 '장소'였다. 그런 장소에 혼자 간다는 것만으로도 한심스러웠다. 그런데 어느 날 본질에 집중해 보기로 하고 영화관에 가는 목적인 '영화'에 초점을 맞추기로 했다. 그랬더니 한결 마음이 편해졌다. 그렇게 해서 나는 누군가에게는 사소해 보일지 모르는 '영화관에서 영화 혼자 보기'라는 버킷리스트에 성공했다.

그날은 약속을 한꺼번에 4개나 잡았던 날이었다. 집이 수원이기에 이왕 서울에 올라온 거 하루에 몰아서 만나자는 마음으로 그렇게 약속을 잡은 것인데, 웬걸 오전 약속 한 개를 끝내고 나니 다음 약속이 줄줄이 깨진 것이다. 마지막 저녁 약속만 남은 상황에서 시간이 붕 떠버렸다. 자의든 타의든 나는 그 시간에 할 일을 찾아야만 했다. 서점에 가서 책도 보고, 카페에 앉아 핸드폰도 만지작거렸는데 도대체 시간이 가지 않는 것이다. 그래서 버킷리스트 중 하나를 실행에 옮기기로 한 것이다. 바로 영화관에서 영화 혼자 보기! 나는 당찬 발걸음으로 종로에 있는 롯데시네마로 향했다. 아무래도 학원가에다가 파고다 공원이 가까워 어르신들과 학생 커플이 많았다. 우여곡절 끝에 나는 매표소에서 표 한 장을 샀다. 그리고는 페이스북에 지금 상황을 이야기했다. "4개의 약속을 촘촘히 짬. 중간 2개 약속 깨짐. 6시간이 붕 뜸. 일생일대의 결정! 27년 만에 처음으로 영화관에서 영화를 혼자보다! 다들 영화관에서 영화 혼자 본다고 말해줘!" 그랬더니 댓글들이 달리기 시작했고, 3가지의 반응이 갈렸다. 1. 영화를 영화관에서 혼자 보는 사람이 생각보다 많다. 2.그게 말이나 되냐! 창피하다!, 3.나도 너처럼 시도해봐야겠다. 위로할 심산이었는지 모르겠지만, 생각보다 많은 사람이 혼자 영화를 보는 것을 이상하게 생각하지 않았다. 도리어 그게 무슨 별일이라는 식으로 나를 이상한 사람 취급하는 것이다. 고정관념이란 변혁되지 않는 생각, 고집이라고도 표현할 수 있다. 해보지도 않고 고정관념에 사로잡혀 자신의 생각을 관철시키려 한다면 그만큼 무섭고 힘든 사람이 없을 것이다. 갑작스러운 버킷리스트 실행으로 나는 나를 돌아볼 수 있었고 요즘 세태를 알 수 있었다.

혼자서 영화관에서 영화를 혼자 보며 나는 3가지 장점을 찾아낼 수 있었다. 1.혼자서 집중할 수 있으며, 누군가의 방해도 받지 않는다, 2.영화가 끝나고 일어날 타이밍을 눈치 보지 않아도 된다, 3.이성과 볼 경우 두 배의 돈이 나가는데 그러지 않아도 된다. 사소한 버킷리스트라도 실행하다 보면 그것으로 사람이 변화될 수 있다. 단적인 예지만 본인만의 버킷리스트에 자신이 가진 고정관념을 없애는 스토리를 만들 것도 권해본다.

쓰나미로 무산된 아픈 기억

"모르는 게 아니야, 알 때까지 시간이 걸리는 거야"

- 만화 <u>보노보노</u>

남자 승무원이 꿈이었던 당시 나는 대한항공과 아시아나 항공 사이트를 내 집 드나들 듯이 들락거렸다. 그러던 어느 날 대한항공 홈페이지에 하나의 이벤트가 올라왔다. 바로 일본으로 떠날 '일본원정대 10인' 내용을 천천히 살펴보니 일본 10개 지역이 세팅되어 있고, 자신이 가장 가고 싶은 곳을 단 한 곳만 선택하여 내가 꼭 그곳에 가야 하는 이유를 UCC로 제작해야 하는 미션이었다. UCC에 U자도 모르던 나에게는 구성부터 제작까지 어려운 미션이었다.

곰곰이 고민한 끝에 나는 무작정 공항으로 가야 한다는 결론에 도달했다. 하지만 공항에 가서 무엇을 할지는 아무 계획이 없었다. 그런 생각을 하던 중 문득 지금까지의 해외 여행들이 주마등처럼 스쳐 지나갔다. 사진들을 뒤적거리며 지난 여행들을 돌아보던 중 '누워서 세계 속으로' 시리즈로 세계 각국에서 누워서 찍은 사진들이 나를 환하게 반겨주고 있었다. 그런데 수많은 국가 중 가장 가깝고도 먼 나라인 일본에서 누운 사진이 없었다. 수많은 국가들을 돌아다니며 그곳에서 누웠던 내가 일본에서 눕지 못했다는 것이 아이디어이자 내가 일본에 가야 하는 이유였다. 다음으로 10곳의 지역을 살펴보았다. 모두 멋지고 아름다운 곳이었지만 도쿄는 신주쿠, 하라주쿠, 오다이바 등등 내가 누우면 제격인 장소들이 눈에 띄었다. 하지만 도쿄를 지원한 지원자는 다른 지역에 비해 배가 많았고, UCC 촬영이며 구성까지 다들 입이 쩍 벌어질 만큼 대단했다. 그래도 여기서 물러설 수 없었다. 나는 내 아이디어를 믿고 최선을 다해 포털 사이트를 통해 독학으로 UCC를 공부한 후 가장 기본적인 UCC를 만들 수 있는 윈도우 메이커로 UCC를 만들기로 했다.

아이디어는 이러했다. 세계 곳곳에서 누워서 찍은 사진들을 나열하고 마지막 구성으로 뭔가 허전한 도쿄의 모습을 이어 붙이는 형식이었다. 그리고 마지막 캐치프레이즈로 '뭔가 허전하지 않으신가요? 도쿄 곳곳에 누워있는 스펀지문의 스티커를 붙여주세요.'라고 마무리를 했다. 반응은 생각보다 뜨거웠다. UCC실력은 초보 수준을 크게 벗어나지 못했지만 지금까지 찍어왔던 내 사진들과 스토리로 나는 UCC실력을 커버했다. 또한 나만의 스토리를 도쿄에 연결하고 참여하는 사람들이 UCC를 완성하게끔 유도했다. 추천수가 당락을 좌우했지만 다른 지역 지원자들뿐만 아니라 이벤트를 지켜보는 분들도 나에게 좋은 점수를 주셨다. 결과는 도쿄지역 1위. 나는 일본 왕복항공권과 여행경비 200만 원 그리고 스마트폰까지 받을 예정이었다.

최종발표는 2011년 3월 21일. 그런데 발표가 있기 10일 전 나는 충격적인 소식을 접했다. 일본에 쓰나미가 닥친 것이다. 이웃 나라에 천재지변이 일어났는데 한가하게 여행을 다닐 수는 없었다. 이미 마음은 접었고 연락이 오기만을 기다리고 있었다. 아니나 다를까 담당자의 연락이 왔고 쓰나미로 인해 행사가 취소됐다는 비보를 듣게 되었다. 현우 씨만의 스토리로 1위를 하실 자격이 충분했고 너무나 인상 깊게 보았다며 위로를 해주셨다. 아쉽게도 스마트폰만 상품으로 보내주신다며 죄송한 마음을 감추지 않으셨다.

비록 천재지변으로 일본에 갈 수는 없었지만, 그건 크게 문제가 되지 않았다. 개인적으로 나는 이 도전을 통해서 정말 많은 것을 배울 수 있었다. UCC의 U자도 몰랐지만, UCC를 처음으로 만들어봤던 것, 지금까지 여행하며 찍은 나만의 포즈가 나만의 스토리로 인정받았다는 것이 가장 큰 소득이었다. 여행이 무산된 것은 아쉬웠지만 처음부터 모르는 분야라고 포기했다면 아무 배움도 얻을 수 없었을 것이다. 또 모자란 실력도 스토리와 아이디어로 보충할 수 있다는 교훈을 얻었다.

당신의 복장이 당신을 말한다

"패션은 즉석 언어다."

- 미우치아 프라다

면접장에서 어떤 복장을 해야 할까? 대기업 면접에서는 깔끔한 정장이 좋지만, 대외활동이나 공모전 면접에서는 콘셉트를 드러낼 수 있는 복장을 권하고 싶다.

600대 1의 경쟁률을 자랑했던 카페베네 해외청년봉사단 면접 때 같은 면접 조에 경찰대 출신의 형님이 계셨다. 그분은 자신을 가장 잘 표현할 수 있는 경찰 정복에 모자까지도 갖춰 입고 오는 열의를 보였다. 만약 그분이 정장을 입고 왔더라면 자신을 전부 표현할 수 없었을 것이고 아마 좋은 점수를 받지 못했을 것이다. 그는 경찰 정복으로 좋은 점수를 받았고 결국 나와 함께 600대 1을 뚫고 인도네시아에 갈 수 있었다. 나도 당시 카페베네 점포를 돌면서 직원들에게 응원 메시지를 받은 티셔츠를 입고 갔기에 면접관으로부터 주목을 받았다.

런던올림픽을 가기 위한 원정대 면접 때도 마찬가지였다. 상의는 어렸을 적부터 활동한 붉은악마를 강조한 오래된 한국 축구 유니폼을 입고, 아래는 태권도 유단자임을 강조한 태권도복을 입고 검정 띠를 찼다. 군대에서 딴 단증이라 예전 같이 발차기를 할 수 없었음에도 도복과 검정 띠는 나를 열정이 가득한 태권청년으로 만들어줬다. 당시 나와 함께 면접을 본 오화준이라는 친구는 사전에 주최 측인 한우자조금관리위원회를 상징하는 한우 인형 탈을 쓰고 명동을 누비며 자신의 열정적인 모습을 알리기도 했다. 패션으로 자신의 열정을 뽐낸 그도 나와 함께 런던으로 가는 비행기에 올랐다. 제주항공 조이버 때는 지원자들의 주황색 코디가 열풍이었다. 다들 머리띠며 양말까지 주황색으로 무장하고 면접에 임했다. 아무래도 그 기업을 상징하는 색깔로 코디해서 기업에 대한 관심과 애정을 표현하고 싶었을 것이다.

관광학과 수업에서 한 교수님이 조별주제로 대한항공에 대해 리포트해오도록 과제를 주셨다. 내가 가장 먼저 떠올랐던 것은 복장이었다. 아무리 항공사에 대한 조사를 잘 해와도 그 조만의 색깔이 녹아있지 않으면 인터넷 어디서나 긁어올 수 있는 발표에 불과할 것이다. 나는 팀원들에게 대한항공의 상징색인 하늘색 셔츠로 통일하자고 했다. 그리고 바지는 깔끔하게 청바지로 맞추었다. 그리고 가장 중요한 명찰을 제작했다. 명찰을 구입하고 명찰에 대한항공 마크와 마치 직원인 듯한 직책도 넣어 우리를 표현했다. 그리고 수소문하여 대한항공 관련 기념품들을 구하기 시작했다. 남자 승무원이 꿈이었던지라 항공 관련 기념품들이 꽤 있었는데 나는 발표에 아낌없이 나의 대한항공 캐릭터 인형을 바치기로 결심하고, 발표 전 가장 잘 경청하는 분에게 선물로 드린다고 말했다. 발표가 있던 날 발표 조 중에서 유일하게 복장을 맞춰온 우리에게 학생들은 일제히 주목했고, 대한항공 직원 같다는 평을 들었다. 그리고 사전에 상품을 공지하므로 학생들의 주목하게 했다. 이렇게 해서 받은 성적은 역시나 A+였다.

아리랑 세계일주를 다녀오고 나서 나에게 여러 차례 강연 요청이 들어왔다. 아리랑 유랑단에 초점이 맞춰진 강연이라 나는 정장이나 세미 캐주얼보다는 '한복'을 입기로 했다. 4인 4색 세계일주 이야기가 주제였던 강연에는 1,000명이 넘는 청중이 모였다. 나를 제대로 알리는 복장은 한복 외에 없었다. 하지만 쇼트트랙 운동복을 입고 평창 동계올림픽을 알렸던 성환 형님도, 셰프 복을 입고 김치버스로 세계일주를 하며 김치를 알린 시형 형님도, 대한민국 최연소 아마존 마라톤을 완주한 동진이도 자신의 정체성을 돋보이는 복장을 입고 강연에 서지 않았다. 그렇기에 4명의 연사 중에서 나는 단연 돋보일 수밖에 없었다.

나는 한복을 입고 강단에 올라가 이야기를 전달하기 전 내 복장에 대해 이야기하며 관심을 끌어냈다. 다들 복장을 챙겨올 줄 알았는데 혼자서 한복을 입고 와서 조금 쑥스럽다는 나의 이야기에 모두가 박수를 치며 응원을 보내주셨다. 만약 나도 정장을 입고 왔더라면 나만의 스토리와 아리랑 세계일주를 알리는 데 역부족이었을 것이다. 이렇듯 복장은 자신이 생각하는 것 이상의 무언가를 보태줄 수 있다.

예능인 김구라 씨는 함께 출연하는 예능인들과는 다르게 예능에서도 정장을 고집한다. 스티브 잡스는 검정 폴라 티에 청바지 그리고 뉴발란스로 자신만의 복장을 고집했다. 우리는 패션 하나로 우리의 스토리를 녹여낼 수 있다. 당신이 고집하는 패션 스타일이 곧 당신만의 전매특허가 될 수 있도록 만드는 것도 하나의 전략이다. 비싼 옷이 아니어도 좋다. 독특한 스타일의 양말 하나로도 당신이 누구인지 충분히 알릴 수 있다.

7Skills

6

여섯 번째 기술

꾸준함

/

그럼에도 불구하고
앞으로 나아가는 기술

자신만의 길을 만들어가는
용감한 청년들의 진짜 스토리

 7 skills

결핍

스토리

목표

자신감

실행

꾸준함

동행

경험곡선을 그리자

"인간이 현명해지는 것은 경험에 의한 것이 아니고, 그 경험에 대처하는 능력 때문이다."

- 데카르트

　공공외교사절단인 '아리랑 유랑단'을 창단하고 처음으로 일반인 단원을 모집했을 때의 일이다. 그전까지 호기롭게 운영해온 이 단체는 기업 후원과 크라우드 펀딩을 통해 예산을 마련하고 전공생들을 모아 나름의 성과를 거두었지만, 언제까지나 남에게 도움만 구할 수는 없다는 위기의식이 생겼다. 이 단체를 지속가능하게 만들기 위해선 반드시 자생할 수 있는 모델을 만들어야 했다. 영리와 비영리 사이에서 수익과 사회적 가치를 동시에 창출해낼 수 있는 사회적 기업 형태로 성장시키고 싶었다. 그렇게 자생을 목표로 정한 아리랑 유랑단은 일반인들에게 참가비를 걸고 그 안에서 우리가 실현하고자 하는 일들을 해나가기로 했다. 이것은 우리에게 큰 모험이었지만, 용기를 내어 2017년 1월 처음으로 아리랑 유랑단 뉴욕 프로젝트 1기 단

원을 모집하기 시작했고 20명의 단원을 최종 선발했다.

　처음 부딪힌 큰 난관은 예산을 분배하는 일이었다. 나름 세부적으로 예산을 짰음에도 불구하고 공항에 도착하자 우리가 예상치 못했던 비용들이 발생하기 시작했다. 악기와 공용 짐들이 위탁 수하물 무게와 삼면의 합 기준을 넘어 추가 비용이 발생한다는 것이다. 뉴욕에서도 마찬가지였다. 일주일 교통 패스만 주면 모든 교통비가 해결될 줄 알았는데 수많은 짐을 들고 지하철을 이용해 목적지로 가는 것은 생각했던 것 이상으로 힘든 일이었다. 결국 우리는 큰 비용을 들여 한인 택시를 이용했다. 이후에도 예상치 못한 비용이 추가로 계속 발생했다. 한국에 돌아왔을 때 이렇게 한 푼 두 푼 나간 돈으로 인해 적자라는 결과가 나타났다. 앞이 캄캄했다. 이런 식으로 하다간 자생은 커녕 망할 수밖에 없었다.

나는 지푸라기라도 잡는 심정으로 수학 중이던 카이스트 경영대학원 교수님들께 조언을 구했다. 그러던 중 한 교수님께서 칠판에 Y축과 X축을 그리시면서 나에게 경험곡선에 대해 설명해 주셨다. 경험이 많으면 많아질수록 비용이 줄어든다는 원리였다. 머리를 한 대 얻어맞은 기분이었다. 나는 당장 결과를 내고 싶었지만, 우리나라 속담처럼 첫술에 배부를 수는 없는데 이를 간과하고 있었던 것이다.

이후 끈기와 인내심으로 버티며 2년이란 시간이 흘렀다. 우리는 어느덧 경험과 비용이 만나는 변곡점을 넘어섰고, 8번의 프로젝트와 누적 단원 수 120명을 돌파했다. 물론 기대만큼 큰 수익은 올리지 못했지만, 우리는 적자를 탈피했으며 엄청난 경험들이 축적돼 이번 7월에도 48명의 단원을 이끌고 유럽 8개국을 누빌 수 있었다. 이러한 경험들이 향후 5년, 10년 쌓이다 보면 수익과 사회적 가치를 동시에 창출하는 성공적인 사회적 기업이 될 수 있을 거라는 희망을 갖고 있다. 끈기와 인내심으로 꾸준히 앞으로 나아가지 않았다면 갖지 못했을 희망이다.

200원짜리 비행기 티켓

"사람이 지혜가 부족해서 일에 실패하는 경우는 적다. 사람에게 늘 부족한 것은 성실이다."

- 영국의 정치가 벤자민 디즈레일리

내 원래 꿈은 남자 승무원이었다. 내 돈을 들이지 않고 세계를 누빌 수 있는 최고의 직업이라 생각해서다. 나는 '대한항공'과 '아시아나항공'을 목표로 삼았다. 만일 본인이 목표로 하는 기업이 있다면 두 가지의 방법으로 해당 기업에 대한 깨알 같은 정보를 상세히 알수 있다. 바로 '인턴'과 '대외활동'이다. 인턴은 공채와 맞먹는 절차를 걸쳐야 하므로 굉장한 시간과 스펙을 요구한다. 반면 대외활동은 '열정'을 요구한다. 열정이라고 하면 추상적으로 보일 수 있지만 이번에 소개하는 내 이야기를 보면 '열정'이란 어떤 것인지 알 수 있을 것이다.

나는 인턴은 생각하지 않고 대외활동에 초점을 맞추고 이 두 기업에 대해서 사전정보를 수집하기 시작했다. 안타깝게도 두 기업에선 대학생을 위한 대외활동이 없었다. 내가 여기서 포기했을까? 아니다. 나는 매일같이 두 항공사 사이트를 방문했다. 그런데 이게 웬일 오매불망 기다리던 대외활동 모집공고가 아시아나항공에 뜬 것이다. 그것도 '해외탐방'이라는 혜택으로 말이다. 간절히 바라면 이루어진다고 했던가. 꿈을 이룰 수 있는 기회가 주어졌으니 어떻게든 그 기회를 잡아야 한다. 기회를 잡기 위해 더듬이를 치켜세우지 않는다면, 그 기회는 다른 사람에게 넘어가기 마련이다. 모집공고문을 보니 주어진 미션은 아래와 같았다.

'아시아나항공 페이스북을 통해 온라인 참가신청, 꿈을 이루기 위해 대학생활 중 가장 경험하고 싶은 일을 사진, 글, 동영상 등을 활용하여 온라인 콘텐츠로 제작'

여기까진 '할 만 한데?'라고 생각하며 자신 있었지만 웬걸 선발방법이 굉장히 까다로웠다.

'1차 서류심사, 2차 드림파이팅 미션, 3차 꿈드림 오디션'

서류심사도 모자라 드림 파이팅 미션에 오디션은 웬 말인가? 난생처음 보는 선발방법에 당혹스러웠다. 마치 K-POP STAR를 연상시키는 절차였다. 하지만 매사 마음먹고 하고자 하는 일이 있다면 꾸물거리지 않고 행동으로 옮기는 나는 이번에도 '나는 생각한다. 고로 행동한다.'는 나의 정신을 실천해보기로 했다. 고민만 하느니 떨어지는 한이 있더라도 해보는 게 낫지 않겠어? 떨어져도 최선을 다했다면 후회는 하지 않을 테니 말이다.

1차 서류심사는 가볍게 통과했다. '드림윙즈'라는 프로그램 주제에 맞게 꿈을 어필하는 부분에서 '남자 승무원'으로 어필했는데 '스튜어드'라는 꿈을 가진 청년이 흔치 않았기에 진정성과 희소성 면에서 있는 포스팅 내용이 통했던 것 같다. '스펀지문, 스튜어드 문이 되다: 스튜어드 꿈을 안고 살아가는 젊은이'라는 제목도 한 몫을 했던 것 같다. 스펀지문에서 스튜어드 문으로 이어지는 어감도 좋았고 자연스럽게 꿈과 연결고리가 이어졌다.

2차는 첫 번째 서류심사 미션을 가지고 온라인 투표를 통해 선발하는 과정이었다. 많은 지인들의 도움으로 2차도 무사히 통과했는데, 무조건 투표율이 높다고 해서 뽑히는 건 아닌듯했다. '좋아요'가 많았던 상위권 친구도 낙방했기 때문이다. 담당자 입장에선 30명의 모집인원 중 남녀 비율을 맞춰야 했을 것이다. 그러니 억울한 탈락자가 생기는 건 어쩔 수 없는 일이었다. 스튜어디스에 비해 상대적으로 극소수였던 스튜어드 지원자는 당연히 합격할 확률이 높았다. 하지만 알다시피 그것만으로 안도하고 있을 내가 아니었다. 앞에서 말한 200원이 웬 말인지 궁금했을 것이다. 이제부터 내 필살 전략을 소개하겠다.

나는 모집공고가 뜬 것을 확인하고 다짜고짜 학교 인쇄점에 가서

구글에 아시아나를 검색하고 '아시아나' 캐릭터인 색동이를 출력하였다. 비행기 캐릭터를 컬러 프린트하는데 든 비용 200원. 나는 정성껏 캐릭터를 오려 수첩 속에 들고 다니기 시작했다. 콘셉트는 아시아나 비행기와 어디든 함께 가는 나의 모습을 어필하는 것이었다. 짜장면을 먹을 때, 치과에 갈 때, 잡지에서 아시아나 회장님 인터뷰를 봤을 때 등 언제나 색동이 캐릭터와 함께 있는 내 모습을 인증샷으로 남기기 시작했다. '그게 뭔 대수지?'라고 생각할 수도 있는데 여기서 끝난 것이 아니다. 나는 색동이와 함께 찍은 사진을 아시아나 공식 페이스북에 하루도 빠지지 않고 업로드하였다. 그렇게 한 달간 전국을 유랑한 색동이와의 추억이 빠짐없이 포스팅 되었다. 나는 200원짜리 비행기로 전국을 누볐고, 담당자에게 성실함으로 어필하는 효과를 얻었다.

효과는 오디션장에서 단번에 드러났다. 담당자들은 이름표를 나눠주며 내 얼굴을 알아보았고 잘 보았다는 칭찬과 감동의 눈빛을 보냈다. 모르고 싶어도 알 수밖에 없는 지원자였을 것이다. 역지사지란 말이 있다. 상대편과 처지를 바꾸어 생각하라는 뜻이다. 만약 내가 담당자였다면 어떻게 반응했을까? '귀찮게 이건 뭐야'라고 했을까? NO. 내가 기획하고 만든 프로그램에 지극정성으로 반응해주는 지원자가 있으면 그를 외면할 수 있을까?

오디션은 대략난감이었다. 눈앞엔 지원자들과 심사위원들 그리고 빨간색 레이저를 뿜어내고 있는 '2분'이 표시된 시계가 있었다. 그 앞에서 나는 내 모든 것을 표현해야 했다. 나는 3명의 암스트롱 사진을 출력하여 랜스 암스트롱의 불굴의 인내를, 닐 암스트롱의 진취적인 한 발자국을, 루이 암스트롱의 분위기를 유쾌하게 만드는 끼를 본받고자 이 3명의 멘토를 대동했다고 말하면서 이들이 내 멘토이기에 "I'M STRONG!"하다고 말하며 급히 오디션을 마무리했다. 개인적으로 내가 점수를 매기자면 10점 만점에 5점. 내 자신에게 실망한 오디션이었다. 고개를 떨구고 내려온 나는 겁쟁이같이 드림웍즈는 내 길이 아니라고 생각하며 집으로 향했다.

결과는 어떻게 됐을까? 최종합격! 서류가 기가 막혀서일까? 지인들과 친구들의 '좋아요' 영향이었을까? 'I'M STRONG!'하다고 말하고는 비에 젖은 생쥐마냥 축 처진 어깨로 내려온 오디션 덕분이었을까? 내가 내린 결론은 매일같이 색동이와 함께 떠난 일상을 아시아나 공식 페이스북에 올렸던 성실함과 센스 때문이라는 것이다.

멋진 답변, 현란한 미션, 나를 응원해주는 많은 사람들도 중요하지만 무엇보다 꾸준히 어떤 프로젝트를 실행해나가는 성실함이 가장 중요하다. 그것이 나를 응원해주는 사람들을 실망시키지 않는 길이다. WANT(원하다)에서 W를 지우면 ANT가 된다. 원하는 것이 있다면 개미처럼 성실함으로 공략하여 얻기를 바란다.

동네 윷놀이 대회에서 전국 윷놀이 챔피언십까지

"꿈을 품고 뭔가 할 수 있다면 그것을 시작하라. 새로운 일을 시작하는 용기 속에 당신의 천재성과 능력과 기적이 모두 숨어있다."

- 괴테

요즘 청년들이 여가 시간을 보내는 방법 중 1, 2위를 다투는 것이 음주와 PC방을 가는 것이다. 나는 한국의 전통을 전파하는 기획자로서 이러한 점에 문제를 느끼고 전통놀이 중에서도 가장 동적인 제기차기를 활용한 청춘 활력 증진 프로젝트를 기획했다. 이름하여 제기차기 챔피언십. 어렵게 구청에 허가를 받고 신촌의 걷고 싶은 거리를 예약하였고 대회를 개최하였다. 하지만 안타깝게도 이 프로젝트는 폭삭 망했다. 생각보다 제기를 잘 차는 사람이 없었고, 잘 차는 사람도 판을 깔아 놓으니 쑥스러워 잘 차지 못했기 때문이다.

그래서 나는 다음으로 남녀노소 즐길 수 있는 윷놀이를 기획하였다. 윷놀이는 누구나 참여하여 윷을 던질 수 있고, 말을 옮길 수 있는

가장 쉬운 전통놀이였다. 나는 한국문화기획꾼 양성과정 학생들과 함께 그 기획을 곧바로 실행에 옮겨 준비하기 시작했다. 바게트에 검정 고무테이프로 X 를 붙여 윷을 만들고 익살스러운 포즈로 사진을 찍어 포스터를 만들었다. 그리고 참가자를 모집하여 지인의 작은 한옥카페를 빌려 대회를 개최했다. 최종적으로 14팀이 모였고 첫 대회는 성공적으로 마무리되었다.

첫 번째 성공을 거두니 자신감이 붙기 시작했다. 당시 서울월드컵경기장에선 시민참여사업이 진행 중이었고, 나는 '전통놀이도 스포츠다'라는 테마를 가지고 제안서를 제출했다. 결과는 통과, 사업예산 500만 원이 주어졌다. 우리는 시간당 2,500만 원이라는 서울 월드컵경기장을 통째로 그것도 무료로 빌려 제2회 윷놀이 청춘 챔피언십을 개최했다. 두 번째 대회도 성공하자 이제는 역으로 제안을 받아 이틀 동안 경기장을 무료로 대여해 줄 뿐만 아니라 두 배의 예산까지 주어졌다. 그렇게 천만 원을 지원받아 세 번째 대회까지 개최할 수 있었다. 여기서 끝난 것이 아니다. 어떻게 알았는지 문화체육관광부와 한국전통문화의전당에서 우리 대회를 알고 전국 대회를 개최해달라는 제안이 들어왔다. 우리는 전국에서 모인 청년 500명과 함께 서울, 대전, 전주, 부산 예선을 거쳐 최종 전주 결선을 성공적으로 마칠 수 있었다. 우리는 0원으로 시작했지만, 수천만 원의 예산으로 청춘들

과 함께하는 청춘 활력 증진 프로젝트를 성공시킬 수 있었다.

이러한 결과만 듣는다면 이 일이 에베레스트 산처럼 대단해 보일지도 모르겠다. 하지만 이 일은 사실 내 집 앞에 있는 방지턱 같은 작은 대회에서 출발했다. 만약 그것을 넘지 않았다면 그 다음 고개는 구경도 못했을 것이다. 맷집과 근력 없어 되는 일은 없다. 나는 다음으로 윷놀이 아시안 챔피언십, 윷놀이 월드 챔피언십 같은 말도 안 되는 꿈을 꿀 것이 분명하다. 당신에게도 나와 같은 큰 꿈이 있는가? 그렇다면 작은 프로젝트부터 시작하여 꾸준하게 다음 스텝을 밟아 보길 바란다. 그러면서 쌓일 맷집과 근력, 그리고 경험치가 그 다음 고개를 넘는 원동력이 되어 줄 것이다.

KEYWORD 44
유종의 미

두 갈래의 길 중 나는 유럽을 선택했다

"아름다운 시작보다 아름다운 끝을 선택하라."

- B.그라시안

한참 대외활동에 빠져있던 당시 나는 국민은행 대학생 홍보대사 'KB 캠퍼스스타'로 약 10여 개월간 활동하게 되었다. 어려운 과정을 통해 뽑힌 만큼 열심히 하겠다는 의지가 남달랐다. 팀이 정해지고 팀장을 맡은 나는 팀을 위해 이 한 몸 바치기로 결심했다. 그런데 오리엔테이션이 있던 날 사무국으로부터 청천벽력 같은 공지사항을 받게 되었다. 이름하여 '중복 대외활동 금지'. 나는 그 당시 대외활동에 심취해 있었고, 여러 활동들을 병행하며 이 활동을 이어갈 예정이었다. 그런데 10여 개월 동안 한 활동에만 몰입하라니, 두 마리 토끼를 잡으려던 나의 계획과는 정반대되는 이야기였다.

수개월 간 활동을 이어가던 찰나 앞서 소개한 운명 같은 기회들이 찾아왔다. 하나투어 투어챌린저로 뉴욕에 갈 수 있는 기회와 나의 꿈인 아시아나항공의 드림윙즈라는 프로그램이었다. 하지만 '중복활동

금지'라는 KB캠퍼스스타의 조항이 내 발목을 잡았다. 더구나 여름방학이었고 방학이 굉장히 소중한 대학생에게 여행을 가지 못한다는 것은 족쇄나 다름없었다. 나는 이번 기회를 놓치면 다시는 기회가 오지 않을 거라는 생각으로, 두 활동 모두 지원하였다. 사실 두 활동 모두 된다는 보장도 없었기에 밑져야 본전이라는 생각으로 지원했다. 그런데 이게 웬걸 두 활동 모두 합격하게 된 것이다.

이제는 이러지도 저러지도 못할 상황에 놓인 나는 사실대로 사무국에 말씀을 드렸다. 사무국에선 그 사실을 듣자마자 나를 사무실로 소환했다. 나와 같은 상황에 놓인 다른 팀 동생도 함께 갔다. 나는 뿌리칠 수 없는 기회였고 꿈이 있는 곳의 활동을 놓칠 수 없었다고 정직하게 말씀을 드렸다. 사무국에서는 내 이야기를 듣고 시말서를 쓰고 경고를 받는 선에서 이 일을 마무리 짓기로 했다. 그렇게 함께 간 동생과 터벅터벅 각자의 집으로 돌아갔다.

그리고 한 달이 지나 우리는 다시 KB 캠퍼스스타로 돌아오게 됐다. 그런데 여기서 그 동생과 나의 길이 갈리게 된다. 함께 시말서를 작성했던 동생은 이대로 활동을 하지 않겠다며 중도하차를 선언했다. 나도 사실 중도하차하고 싶은 마음이 굴뚝같았다. 하지만 내 손으로 시작한 거 오기로라도 끝매듭을 잘 짓기로 마음먹었다. 여기서 나가버린다면 언제까지나 마음의 짐으로 남아 다른 사람들의 눈치나 살피며 도망 다닐 것 같다는 생각이 들었고, 지금까지 최선을 다해 임해왔던 시간에 오점을 남기고 싶지 않았다.

그렇게 나머지 기간에 나는 최선을 다했다. 자유미션이었던 개인 미션도 매달 꼬박꼬박해서 제출했고, 팀 활동에도 빠지지 않고 참석하며 전의를 다졌다. 팀원 내 고과평가도 있었는데 아무래도 모든 일을 도맡아서 한 내게 좋은 점수를 줄 거라는 자신감도 있었다. 그렇게 몇 달이 흘러 해단식이 있던 날, 최우수 활동자를 뽑는 시간이 찾아왔다. 그동안의 활동들을 되짚어보며 나는 끝까지 포기하지 않고 달려온 내가 참으로 대견스러웠다. 그것만으로도 나는 성공했다고 생각했다. 그런데 나를 호명하는 이름이 어디선가 들려왔다. 그렇다. 나는 108명의 홍보대사 중 4등이라는 순위로 최우수 활동자로 선정되었다.

믿기지 않았다. 내가 상을 받을 자격이 있을까? 상이 아니라 벌을 준다 해도 달게 받을 생각이었다. 하지만 사무국에서는 끝까지 포기하지 않고 달려준 나에게 큰 상을 주신 것이다. 그렇게 해서 나는 최우수활동자의 혜택으로 체코와 오스트리아로 여행을 떠났다. 체코에서 밤에 함께한 10명의 최우수 활동자들과 맥주를 한잔하면서 지난날을 그려봤다. 두 갈래의 길 중 포기를 선택한 동생은 자기가 원한 길로 떠났고, 나는 포기하지 않는 길을 선택해 체코라는 나라에 와서 맥주를 마시며 앉아 있었다. 만약 당신이라면 선택의 기로에 섰을 때 어떤 스토리를 만들 것인가? 한번 시작한 걸 쉽게 포기하지 마라. 성실함이 주는 열매는 달다.

누워서 세계속으로

"너는 너로 살고 있니."

- 소설가 김숨, 제목

많은 사람들이 어느 장소를 가든 하나같이 비슷한 포즈로 사진을 찍는다. 브이를 한다거나 턱을 가린다거나 조금 독특한 포즈가 있다면 점프 샷 정도라 할 수 있다. 그런데 이러한 사진 포즈도 자신만의 독특하고 획기적인 시그니처로 만들면 쓸 만한 스토리로 거듭날 수 있다.

매트 하딩(Matt Harding)이라는 외국인은 잘 다니던 회사를 그만두고 세계일주를 떠나기로 결정했다. 그리고 가는 곳마다 자신이 개발한 독특한 막춤을 추는 장면을 영상으로 남겼다. 여행 후 그 영상을 모아 'Where the hell is Matt'이라는 영상을 만든다. 이 영상은 순식간에 수백만 뷰를 돌파했으며, 2013년 9월에는 4,600만 뷰를 넘어섰다. 화제의 인물이 된 그는 비자(VISA)카드사의 광고까지 찍었고 연도별 시리즈 동영상을 만드는 행보를 이어가고 있다.

이렇듯 막춤 하나로도 자신만의 스토리를 만들어 자신을 브랜드화 할 수 있다. 이 사람처럼 자신을 브랜드화 할 만한 무언가를 가지고 있어야 한다. 나는 세계일주를 다니면서 가는 곳마다 누워서 사진을 찍기로 했다. 입대 전 우연히 들른 어느 미니홈피에서 누워서 찍은 사진을 보고는 영감을 얻은 것이다. 그래서 '누워서 세계 속으로'라는 테마로 사진 찍기를 시작하게 되었다.

기아 글로벌 워크캠프로 떠난 유럽여행부터 사진 찍기는 시작되었다. 처음에는 유명 관광지에서 눕는 것이 쑥스러웠다. 혼자 여행다니고 있어서 지나다니는 시민을 붙잡아 사진을 찍어줄 것을 요청해야 하는 상황이라 얼굴에 철판을 두 겹 세 겹씩 까는 배포가 필요했다. 그렇게 한두 번 누워서 사진을 찍으니 어느 정도 자신감이 붙어서 눕는데 거리낌이 사라졌다.

이탈리아 콜로세움 앞에서 서성거리며 사진 찍어줄 사람을 찾고 있는데 지나가는 가족이 눈에 띄었다. 그래서 그분을 붙잡고 사진을 찍어달라고 요청하고는 길바닥에 누웠다. 그런데 그분이 다짜고짜 사진기를 옆에 있는 딸에게 맡기며 내 곁으로 오는 게 아닌가? 무슨 일 때문에 그러는지 유심히 보았는데 내 옆으로 오더니 내 포즈 그대로 따라 눕는 것이었다. 내 포즈가 재미있는 포즈라고 생각했던 것 같다. 그 모습을 보더니 딸이 한마디를 던졌다. "My father is crazy!(우리 아빠 제정신이 아니에요!)" 아니 아빠가 제정신이 아니면 매일같이 누워서 사진을 찍은 나는 뭐란 말인가? 세계를 다니며 누워서 사진을 찍으면서 크고 작은, 별의별 에피소드가 많이 생겼다.

　유럽에서부터 시작된 '누워서 세계 속으로' 시리즈는 국내 여행에서도 계속 이어졌다. 2010년 시작한 시리즈는 벌써 사진 100여 장이 넘었다. 페이스북에 올린 사진에도 수많은 '좋아요'가 달렸다. 나는 언젠가 이 사진들을 모아 매트 하딩처럼 영상으로 편집할 예정이다. 그 영상을 통해 사람들에게 독특한 포즈로 찍은 사진은 자신만의 스토리가 될 수 있다는 것과 여행을 무서워하지 말라는 메시지를 던져주고 싶다.

　실제 해외에는 나와 같은 외국인들이 많았다. 어떤 여성의 경우 긴 머리를 활용해서 독특한 사진을 찍는데, 점프한 뒤 긴 머리가 하늘로 쭉 펼쳐지는 순간을 사진에 담는다. 또 어떤 이는 스타크래프트의 드라군(거미같이 생긴 캐릭터)을 연상하도록 배가 하늘로 가게끔 만든

후 손과 발을 땅에 붙이고 마치 거미 같은 포즈로 사진을 찍는다. 이렇듯 사진 포즈 하나에도 자신만의 스토리를 담아 퍼스널 브랜딩을 기획해 보기를 권한다. 시간이 흘러 사진이 어느 정도 모였을 때 자신의 이름으로 사진전을 열게 될지도 모를 일이다.

막판 스퍼트

장관상이라고요?

"끝날 때까지 끝난 것이 아니다 (It ain't over till it's over)"

- 야구선수 요기 베라

대한민국 정부포털(www.korea.go.kr)에서는 대학생 기자단을 모집하고 있었다. 정부 쪽 대외활동은 해본 적이 없던 때고, 기자단이라는 활동도 생소했던 터라 나는 반은 호기심으로 지원했다. 발대식이 있던 날 화기애애한 분위기가 마음에 들었다. 하지만 나는 발대식 뒤에 바로 선약이 있어 1박 2일의 워크숍에는 참석할 수 없었다. 첫 단추부터 제대로 꿰지 못한 상황이었다. 함께 붙은 기자단 친구들은 워크숍을 통해 유대감을 형성할 것이기에 나는 마이너스 점수를 받고 시작한 것이나 마찬가지였다.

그래서인지 활동이 시작되고도 큰 열정 없이 활동을 이어갔다. 아니나 다를까 기자단 친구들은 삼삼오오 모여 그룹을 형성했는데 내가 낄 자리는 없었다. 나는 겉돌 수밖에 없었고 매주 한 편의 기사를 써서 올리는 일을 하기에 급급했다. 그 외에 달리 다른 활동은 하지 않았다. 그러나 그런 식의 활동이 무의미하다고 생각한 나는 목표를 정했다. 우수활동자에게 주어지는 '행정안전부장관상'을 받겠다는 야심 찬 목표를 세웠다. 활동도 제대로 안 하면서 장관상이라니 열정적으로 활동하는 친구들이 봤을 때는 콧방귀를 낄 목표였다.

당시 이틀에 한 번꼴로 기사를 올리던 열정적인 기자가 있었는데, 이미 그 친구와의 간격은 엄청나게 벌어진 상황이라 더욱 가능성이 없어 보였다. 하지만 나는 해보지도 않고 목표를 포기한 적이 없다. 나는 공식행사마다 지원해서 갔으며 런던 패럴림픽 선수단 발대식, 유니브 엑스포 기자단 홍보, 각종 국가 관련 전시 등등을 발 빠르게 취재하고 다녔다. 그리고 정말 매서운 속도로 기사를 썼다. 그렇게 하루 한편의 기사를 써서 올리겠다는 나와의 약속을 지키자 기사 수 1등이던 친구를 앞지르게 되었다. 그런데 그때 1등이던 친구가 기자가 취직되면서 활동을 중단하게 되었다. 나는 압도적인 1등이 되어 끝까지 그 순위를 지켰다.

초반에는 활약이 미미했을지라도 슬금슬금 기사 수 1위에 올라설 수 있었던 것은 꾸준함과 성실함의 인간 승리였다. 누구나 초반에는 열정적일 수 있다. 하지만 시간이 지날수록 열정은 식어가고 중반에 들어서면 포기자가 속출한다. 이럴 때 가장 중요한 것이 막판 스퍼트이다. 막판일수록 다들 지치기 마련이고 의욕이 저하된다. 그럴 때 남과 다르게 행동하면 돌파구가 된다. 다시 말하지만 막판 스퍼트는 성실함의 일종이다.

해단식이 있던 날 수군수군 대는 소리가 들려왔다. 옆에 있는 동생에게 무슨 일이냐고 물어보니 상장에 문현우라는 이름이 적혀있었다며 축하한다고 했다. 내가 장관상이라고? 사실 어느 정도 기대는 했지만 이름을 들을 때까지 믿기지 않았다. 내 이름이 호명되고 나는 앞으로 나가 장관상을 들어 올렸다. 사진을 찍는 순간 마음속에서 풍악이 울렸다.

처음에 삐끗했다고 해서 모든 것이 끝난 것이 아니다. 넘어졌다고 포기해버린다면 박수를 받을 수 없다. 하지만 넘어져도 툭툭 털고 일어나 다시 달린다면 그 사람은 박수 받을 자격이 있다. 만약 조금 늦게 시작했거나, 첫 단추를 잘못 꿰었더라도 끝까지 포기하지 않고 달리는 성실함으로 자신의 스토리를 만들기 바란다.

Story Networking Service

> "만약 누군가를 당신의 편으로 만들고 싶다면, 먼저 당신
> 이 그의 진정한 친구임을 확신시켜라."
>
> - 아브라함 링컨

SNS란 소셜 네트워킹 서비스의 줄임말이다. 하지만 나는 좀 다르게 바꿔 보고 싶다. 스토리 네트워킹 서비스가 내가 정의하는 SNS다. 당신은 오늘 하루에만 얼마나 많이 SNS를 사용했는가? 맛집을 찾기 위해 블로그를 검색하고, 친구의 근황을 살피러 페이스북을 접속하고, 유명인들의 트윗을 보기 위해 트위터를 접속한다. 그리고 친구와 약속을 정하기 위해 카카오톡으로 메시지를 날린다. 그 모든 순간에 우리가 발견할 수 있는 것은 바로 '스토리'다.

맛집을 찾기 위해 검색한 블로그에서는 블로그 주인장이 맛집을 찾게 된 배경부터 맛에 대한 주관적 평가와 가격에 대한 부담 등 자신만의 스토리를 적는다. 블로그는 자신의 스토리를 가장 적절하게 홍보하고 알릴 수 있는 공간이다. 자신이 관심 있는 분야에 대한 포

스팅뿐만 아니라 일기나 여행 기록까지 포스팅으로 저장한다. 포스팅 수가 하나둘 쌓여갈수록 자신의 스토리도 자연스럽게 쌓인다.

앞서 런던올림픽을 같이 다녀온 오화준이란 친구는 자신을 여행 블로거로 브랜드화 했다. 자신이 다녀온 여행지를 하나둘 포스팅 했는데 어느덧 포스팅 수만 700여 개를 넘어갔다. 대부분이 여행을 다녀온 후기이자 여행 스토리다. 자신의 여행 스토리를 블로그로 착실히 쌓아온 덕분에 그는 무료로 세계를 여행할 수 있었다. 내가 이 글을 쓰는 동안에도 그는 모 항공사 프로모션으로 무료로 떠난 인도네시아 발리에서 나에게 회신을 하고 있다. 하지만 그의 필살기는 따로 있었다. 런던에 도착하여 나와 같은 방을 쓰던 그는 힘겨운 일정을 소화하고 매일 밤 느린 와이파이에도 포기하지 않고 끙끙거리며 블로그에 그날 하루의 스토리를 포스팅하였다. 그는 자신의 블로그를 그만큼 성실하게 업데이트했다.

페이스북도 마찬가지다. 나는 페이스북을 단순히 소셜 네트워킹을 위한 공간으로 생각하지 않는다. 페이스북을 스토리를 네트워킹 할 수 있는 공간이라고 생각하면 접근법이 달라진다. 예를 들어 친구들과 소소한 일상을 올리는 것도 좋지만, 자신이 오늘 감명 깊게 본 책의 구절이나 TV프로, 영화에서 본 명대사를 캡처하여 올리는 방법은 자신의 공간을 다른 사람에게 유용한 공간으로 만든다. 혹은 자신이 잘 아는 정보도 좋다. 예를 들어 나는 지하철역 근방을 백배 즐길 수 있는 방법을 공유하면서 '좋아요' 수가 수백 개를 넘겼던 적이 있다. 여의나루역 1번 출구로 나가면 공공자전거 대여소가 있어 저

렴한 가격으로 연인과 자전거 데이트를 즐길 수 있다는 등의 정보는 페이스북 친구들에게 유용한 정보가 되었기에 자연스레 '좋아요'가 눌러지고 이는 또 제3자의 뉴스피드에 노출되어 나의 페이스북을 스토리화 하는 데 기여했다. 요즘은 재미있는 동영상이나 명언 등을 공유해주는 페이지가 기하급수적으로 생기는데, 이 또한 자신의 브랜드를 구축하는 하나의 스토리 네트워킹이라고 할 수 있다.

이처럼 친숙한 SNS를 활용하여 스토리 네트워킹을 만드는 것은 어려운 일이 아니다. 《청춘의 기술》을 읽으면서 배운 것들을 참고하여 블로그 네이밍을 깔끔하게 하고, 페이스북을 나만의 스토리 기지로 삼아 자신만의 채널로 만들길 바란다.

스토커가 되자
(Story Talker)

"입술의 30초가, 마음의 30년이 된다. 나의 말 한마디가
누군가의 인생을 바꿀 수도 있다."

– 유재석

지금까지 《청춘의 기술》을 열심히 읽었다면 자, 이제 당신의 이야기를 할 차례다. 바로 스토커가 이제 당신의 역할이다. 짐작했다시피 여기서 스토커란 관심 있는 상대를 병적으로 집요하게 쫓아다니며 괴롭히는 사람이 아니라 바로 'Story Talker', 즉 자신의 스토리를 말하는 사람이다.

결핍을 부끄럽게 생각하지 않고 극복한 기적의 스토리, 성실함으로 무언가에서 끝내 빛을 본 열정의 스토리, 자신이 아는 것을 다른 사람과 공유한 선한 공감 스토리, 꿈을 꾸고 그것을 이룬 버킷리스트 스토리, 생각만 하지 않고 행동으로 보여준 발품 스토리, 당신이 직접 기획하여 기회를 만든 억척 스토리, 마지막으로 당신만의 독특

한 연구 스토리. 나는 당신에게는 70억 인구 중 당신만이 말할 수 있는 스토리가 있음을 믿는다. 그러니 스토커가 되자. 이제 자신의 스토리로 누군가에게 힘을 줄 일만 남았다. 자신의 스토리를 잘 풀어내면 누군가는 분명 당신의 진가를 알아줄 것이고, 당신의 이야기에 공감할 것이고, 어쩌면 인생에서 꼭 필요한 도움을 얻을 것이다. 당신의 스토리를 알릴 때가 됐다고 생각하면 나는 적극적으로 알리기 시작하라고 권하고 싶다.

한참 대외활동을 하며 해외를 다니던 시기에 나는 학교 신문 가판대에서 학교 신문을 집어 들었다. 그리고 무심코 신문을 넘기다가 첫 장에서 '우리학교 스타'라는 섹션을 보게 되었다. '우리학교에 이렇게 재능 있고 멋진 친구들이 있구나.'하고 생각할 때쯤 아래에 '우리학교 스타는 학생들의 제보를 환영합니다.'라는 광고를 보았다. 나는 혹시 '나도 될까'라는 마음으로 제보해 보았는데 며칠 뒤, 학교 기자로부터 연락이 와 처음으로 신문 인터뷰를 했다. 누군가 나를 알아봐 주지 않는다면 스스로 자신의 스토리를 알리기를 주저하지 마라. 그것이 어떤 결실을 맺을지 모른다. 때를 기다리지 마라, 때는 당신을 기다려주지 않는다. 당신의 때는 당신이 스스로 만들어야 한다.

그 뒤로 놀라운 일들이 벌어졌다. 교내에서 내 기사를 본 어느 교수님은 나에게 수업 중 강연을 부탁하셨고, 그렇게 갑작스레 첫 강연을 하게 되었다. 떨리는 마음으로 모교 학생들에게 내 스토리를 이야기하자 학생들의 질문이 쇄도했다. 나는 그때 내 스토리의 가치를 알아차렸다. 여기서 멈추지 않았다. 기회는 꼬리를 물고 찾아왔다. 내 인터뷰를 본 학교 지인으로부터 자신의 친구가 어느 언론사 인턴기자인데 내 이야기를 인터뷰하고 싶다는 연락을 받았다고 했다. 그 신문에 내 스토리가 2면 가득 실렸다. 내 스토리를 나만 고이 간직하지 않고 나누자 내 이야기는 점차 누군가에게 큰 힘을 주는 스토리로 변화하였다.

자신의 스토리가 아직 미약하고, 먼저 연락을 해도 아무 기별이 없다면 직접 이야기할 수 있는 자리를 기획하는 것도 좋은 방법이다. 내 지인 중 한 명은 100명의 연사들에게 강연을 듣는 것이 목표였다. 그리고 1년여 만에 그 꿈을 이루었다. 그리고 나서 그는 자신이 직접 강연회를 기획하였다. 연사에는 박원순 서울시장님을 비롯하여 총 5명의 기라성 같은 분들이 섭외되었다. 어떻게 그런 분들을 모을 수 있었냐는 내 질문에 그는 100명의 연사들에게 강연을 들으면서 그들과 착실히 네트워킹을 했다고 한다. 인사도 드리고 명함도 받아놓고, 그때의 교류로 그들을 초대할 수 있었다는 것이다. 그는 자신이 기획한 강연회에서 직접 MC를 보면서 중간 중간 자신의 이야기를 펼쳐놓았다. 자신이 직접 판을 만들어 스토커가 된 것이다.

이렇듯 당신이 직접 판을 만들고, 자신의 스토리를 말할 기회를 만들 수 있다. 반드시 큰 자리가 아니어도 괜찮다. 가족과의 식사자리나 친구들과의 커피타임이라도 상관없다. 찾아라. 당신만이 말할 수 있는 스토리는 반드시 있다. 그것을 다른 사람들 앞에 펼쳐놓아라. 그 스토리 때문에 당신에게 어떤 기회가 찾아올지 아무도 모른다.

7 SKILLS

7

일곱 번째 기술

동행

/

시너지를
불러오는 기술

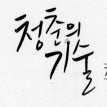

청춘용자
[勇者]
이렇게 살아도 돼

자신만의 길을 만들어가는
용감한 청년들의 진짜 스토리

청춘의
기술 7 skills

결핍

스토리

목표

자신감

실행

꾸준함

동행

해외봉사가 봉사정신을 만든다

"날씬한 몸매를 갖고 싶으면, 너의 음식을 배고픈 사람과
나누어라."

- 오드리 햅번

14번의 탈락 끝에 겨우 잡은 첫 대외활동이 공교롭게도 '해외탐
방' 프로그램이었다. 수백 대 일의 경쟁률을 뚫고 합격한 나는 어깨
가 하늘을 찌를 만큼 자신감으로 가득 차 있었다. 그렇게 나는 새로
운 먹잇감을 찾는 하이에나처럼 다음 목표를 찾기 시작했다. 그러던
중 어디선가 주워들은 내용이 기억났다. "대학생 때 한번쯤 해외봉
사는 해야 하지 않겠어?" 단순히 말 때문이었다. 한비야, 션, 정혜영
부부처럼 투철한 봉사정신이라든지 신앙인으로서의 특별한 사명감
같은 건 별로 없었다. 단순히 '대학생 때 꼭 해보면 좋은 활동'이라는
이유에서 해외봉사를 다음 목표로 설정하게 된 것이었다.

분명 누군가는 봉사정신도 없는 놈이 해외까지 가서 쓸데없이 돈
낭비, 시간 낭비한다고 반대할 수도 있다. 하지만 내 생각은 다르다.

봉사정신은 태어날 때부터 천성적으로 가지고 태어나는 것이 아니라 환경 혹은 다양한 봉사경험을 통해서 길러진다고 생각한다. 그래서 오히려 나같이 봉사에 무지한 사람에게 국내봉사든 해외봉사든 일단 해보라고 적극 권하고 싶다.

1998년 초에 나왔던 영화로 케빈 코스트너 주연의 "포스트맨"이라는 영화를 알고 있는가? 영화 줄거리는 이렇다. 전쟁으로 파괴돼 폐허가 된 마을에서 살아남은 사람들은 절망과 좌절 속에 흩어져 연락마저 두절 된 채 고립돼 살아간다. 이때 세상을 떠돌던 주인공(케빈 코스트너)이 추위를 피해 폐허 속에 방치된 차 안으로 몸을 숨겼는데 그 차는 온갖 사연이 담긴 편지들로 가득한 우편배달 차였다. 주인공은 죽은 우편배달부의 옷을 대신 걸치고 그 편지들의 임자를 찾아 나선다. 처음엔 편지를 전해주는 대신 잠자리와 음식을 얻어먹을 심산이었다. 그런데 홀연히 나타나 망실 될 뻔했던 편지를 전하는 포스트맨, 즉 우편배달부를 통해 사람들은 뜻밖의 희망을 갖게 된다. 떠돌이 주인공 역시 단순히 편지 한 통과 그것을 전하는 자신의 존재만으로 희망을 가지는 이들을 마주하면서 의도치 않게 포스트맨으로서 책임감과 사명감을 느끼게 되고 졸지에 살아 움직이는 희망의 상징이 된다. 마찬가지로 단순한 이유에서 시작한 해외봉사 활동이 봉사정신을 자라게 하고, 나아가 봉사하는 사람이 될 가능성을 키운다.

한편 현대자동차에서 주최하는 '해피무브'라는 해외봉사 프로그램도 14번의 탈락 중 하나였다. 그런 이유로 해외봉사와는 연이 없다고 생각했다. 물론 그때는 나를 제대로 표현할 줄 모르던 시기이기도 했다. 그런데 그런 나에게 또 한 번의 기회가 찾아왔다. 해외봉사 프로그램의 양대 산맥이라고 할 수 있는 'G마켓 해외봉사단'을 모집한다는 소식이었다. 사실 예전에 이 프로그램에 지원했다가 탈락의 고배를 마신 적이 있었다. 하지만 이상하게 이번만큼은 자신감이 있었다. 기아 글로벌 워크캠프 합격 경험 덕분인 것 같았다. 무엇보다 자신감의 가장 큰 원동력은 모집 시기가 기가 막히게 절묘했기 때문이다. 이번 모집 기수는 학기 중에 떠나는 일정이었기 때문에 휴학생이나 학업을 잠시 미뤄두고 떠나려는 극소수의 대학생들만 지원이 가능해서 경쟁률이 파격적으로 떨어질 것이었다. 휴학생인 나로선 기회임이 분명했다. 물론 G마켓 해외봉사단은 '대학생'만을 위한 프로그램이 아닌 '30살'까지의 청년들을 대상으로 하는 프로그램이었기에 우려는 되었지만, 100명이면 95명 이상이 시간적으로 여유가 있는 대학생들이 지원하는 프로그램이기에 휴학생인 나에게 굉장히 유리한 상황이었다. 방학 중에 떠나는 일정의 경쟁률은 수백 대 일이 넘겠지만 이번만은 다를 거라는 예감이었다.

하지만 문제는 자기소개서 작성에 있었다. 특이하게도 해외봉사 프로그램의 자기소개서에는 지금까지의 봉사활동 시간을 적는 칸이 있었다. 다들 막막해하는 부분이 이 부분이다. 나처럼 해외봉사를 가고 싶지만, 국내 봉사시간이 없어 주눅 들고 지원조차 포기하는 학생들이 많다. 개인적인 견해로는 이런 것 때문에 미리 포기해서는 절대 안 된다. 이럴 때일수록 과거를 잘 돌아보길 바란다. 우리는 생각보다 봉사활동을 많이 했다. 중고등학교 시절 했던 봉사활동을 떠올려 보라. 본인이 다녔던 출신 학교에 가서 학생기록부를 요청하면 거기에는 친절하게도 봉사시간과 장소 등이 자세히 기록돼 있다. 그러니 막막해하지 말고 학생기록부를 잘 활용해보길 바란다. 물론 이 또한 없는 친구들이 있을 수 있다. 이럴 경우는 바로 해외봉사를 떠나겠다는 마음보다는 대학생활을 길게 보고 준비하는 과정도 필요하다. 해외봉사를 목표로 한다면 1학년 때부터 봉사동아리에 가입한다거나 www.vms.or.kr/www.1365.go.kr 등에서 봉사정보를 얻어 목표한 시간을 꾸준히 채워보는 것도 하나의 방법이라 생각한다. 그러면 2~3학년 때 봉사활동 시간을 차곡차곡 모아서 해외봉사의 목표를 이룰 수 있다. 나의 경우도 인턴생활 중 사내 봉사동아리에 가입하여 했던 보육원 봉사활동과 학창시절 했던 꽃동네 봉사활동 등의 시간을 차곡차곡 쌓아 제출하였고, 기아 글로벌 워크캠프를 다녀와 유네스코에서 인증한 봉사시간 70여 시간을 받아 이 부분을 기록할 수 있었다. 지난번 봉사활동 지원에서 부족한 봉사시간이 탈락의 패인이 됐던 것 분명해 보인다. 그러니 해외봉사를 꿈꾼다면 사전에 국내봉사를 통해서 사전 경험과 시간을 저축해 놓는 방법이 가장 올바른 방향이다.

어렵사리 서류심사에 합격하고 면접장에 도착했다. 자기 명찰은 자기가 직접 만들어오라는 사전 미션에 별 생각 없이 기본 내용만 흑백으로 출력해 갔다. 하지만 이게 웬일 면접장에 도착한 나는 휘황찬란한 명찰들을 만들어온 경쟁자들을 보며 위축되기 시작했다. 그때는 면접을 몇 번 정도 경험한 새내기로서 그런 상황 자체가 나에게는 신세계였다. 위축되었지만 그렇다고 이대로 질 순 없었다.

면접에 들어가기 전 친근하게 다가와 말을 걸어주는 선배 기수에게 나 또한 친근하게 대화를 걸며 떨리는 마음과 위축된 마음을 추슬렀다. 대외활동을 수없이 해온 지금에서야 알게 됐지만, 이런 나의 행동 자체가 가산점으로 작용했다고 한다. 면접장에 들어가기 전 리더를 자처하며 면접 조원들과 특별한 구호도 만들었다. 당시 '넬라 판타지아'가 유행이었는데 내가 지휘자 박칼린 씨가 되어 각자 다른 생김새, 목소리들을 하모니로 만들어 조 구호를 만들어보자고 제안했고, 면접장에 들어가서 성공리에 우리를 '하모니'로 어필할 수 있었다. 예나 지금이나 내가 추구하는 것은 혼자만의 성공이 아닌 하나 되어 만든 결과였다.

강렬한 첫인상에 이어 우리 조는 차분히 질문을 기다렸다. 총 5명이 들어갔는데 왼쪽부터 오른쪽으로, 다시 오른쪽부터 왼쪽으로 질문들이 연이어 이어졌다. 난 왼쪽 끝에 앉아 면접관들의 질문을 주의 깊게 들었는데 신기하게도 예상했던 질문들이 계속 이어졌다. 나는 사전에 다양한 면접 질문 족보들을 연구해 갔었고, 그 외에도 질문들은 대부분 어디선가 들어봤던 예상 질문들이었다. 자기소개서에 이미 작성한 내용을 그대로 대답에 활용하면 되었다. 면접자들에게 나는 꼭 사전에 자신이 쓴 자기소개서 내용을 숙지하라고 일러주고 싶다. 자기소개서를 보고 할 만한 질문들을 추려 데이터베이스를 갖추어 놓길 바란다. 그러면 자기소개서를 보고 질문하는 면접관들에게 적절히 대처할 수 있다. 면접관은 나에게 이런 질문을 하였다.

"문현우 씨가 지금까지 살면서 실패했던 순간은 언제이고, 어떻게 극복하셨는지?"

답은 간단했다. 나의 유년시절 방황기를 말씀드리고 나서 이렇게 끝을 맺었다.

"어떤 유명한 복서의 이야기가 생각이 납니다. 그 복서는 챔피언을 쓰러트리기 위해 링에 올랐지만 수십 번이 넘게 녹다운을 당합니다. 당연히 그는 챔피언이 되지 못했죠. 하지만 그가 링에서 내려와 대답한 답변은 뜻밖이었습니다. 패한 그에게 기자는 수십번 녹다운을 당하며 패한 기분이 어떠냐고 물어봤고, 복서는 답했습니다. 나는 수십번 녹다운 당한 복서로 기억될지 모르겠지만, 실패를 모르고 다시 수십번을 일어선 복서로 기억되고 싶습니다. 저는 포기할 줄 모르는 승자입니다." 정확히 어떤 복서인지와 어떤 내용인지는 자세히 기억나지 않았지만 이 이야기를 통해 나의 역경 극복기는 면접관들에게 제대로 전달되었다. 이어지는 질문들도 어렵지 않았고 나는 무사히 답변을 완료할 수 있었다. 같이 면접에 들어간 면접자 중에는 눈물을 흘리는 친구들도 많았다. 그들의 마음을 느낄 수 있는 부분도 있었지만, 눈물을 흘렸다고 뽑아 줄 리는 없다고 생각했다.

내 생각은 이렇다. 해외봉사에 참여하는 봉사단원들은 대부분 심지가 견고했다. 반면 면접장에서 본 친구들 중에는 마음이 여린 면접자들이 많았다. 물론 그들의 따뜻한 마음은 알겠지만, 그 여린 친구들을 전부 데려간다면 해외봉사가 제대로 굴러가지 않았으리라 생각된다. 면접관들도 나와 같은 생각을 했을 것이다. 면접관들은 비율 또한 신경 써야 한다. 성비도 생각해야 하고, 학교, 끼와 능력, 성격 등등을 고려해야 할 것이다.

해외봉사 면접에는 서로 겹치는 부분이 많은 친구들이 오는 곳 중 하나라고 생각한다. 자신이 강조할 수 있는 부분, 경쟁자들 중 이것 하나만큼은 내가 내세울 수 있는 것이 있어야 한다. 나에게는 끼가 없었지만 또박또박 질문에 잘 대답함으로써 의사소통 부분에서 능력을 검증받았다고 생각한다. 나와 같은 삶의 굴곡이 없더라도 자신이 생각하는 무언가가 있다면 그것을 망설이지 말고 이야기하는 사람이 돼라. 그러면 승산이 있다고 생각한다. 결국 나는 나만이 할 수 있는 이야기와 사례들로 최종합격을 하였고 라오스로 떠나 해외봉사를 하고 돌아올 수 있었다.

출발 전 합숙에서 그들이 정해준 규칙에 따라야 했는데 내가 생각했던 것과는 너무나 달랐다. 2박 3일 합숙기간 동안 핸드폰을 반납해야 했고, 음주와 흡연이 금지되었다. 저녁 시간에 룸메이트 형들과 야참을 먹으려다 걸려서 혼나기까지 했다. 출발 전 함께 떠나는 21명의 사람들과 매일같이 모여 봉사활동 구성부터 준비물까지 전부 알아서 준비했고, 사전 국내봉사부터 팀별 합숙까지 정신없는 나날들을 보냈다. 현지에 도착해서는 녹물이 나오는 물로 샤워하는가 하면 매일같이 고된 일들을 해치워야 했다. 해외봉사는 내가 생각했던 거와는 너무나 달랐다. 만약 해외봉사를 생각하는 사람들이 있다면, 먼저 해외봉사단들이 진행했던 일과를 포털사이트에서 찾아보거나 주변에서 다녀온 지인들에게 조언을 구해보는 것이 좋을 것이다.

나에게도 많은 친구들이 해외봉사에 관해 물어보는데, 현실을 알려주면 자신이 하기엔 무리라는 답변이 돌아올 때가 많다. 하지만 정말로 원하는 친구가 있다면, 죽이 되건 밥이 되건 직접 경험해보고 영화 포스트맨의 주인공처럼 봉사에 대한 책임감과 사명감을 동시에 배웠으면 좋겠다. 나는 해외봉사를 통해서 봉사에 대한 생각 자체가 180도 달라졌다. 마치 번데기에서 성충이 되는 것 같은 순간을 여러 번 경험했다.

G마켓 해외봉사를 다녀온 지 횟수로 4년째다. 14기로 다녀온 우리는 어느덧 19기까지 진행된 후배 기수를 받고 있다. 나와 함께 다녀온 21명의 단원들은 지금 어떻게 지내고 있을 것 같은가? 이미 오랜 시간이 지난 만큼 만남도 적어지고, 교류도 없을 것이라고 생각할 수 있다. 하지만 우리는 4년 차인 지금까지도 1년에 2번의 정기 MT와 4번의 비정기 모임 또는 봉사활동 등을 하고 있으며 연말이면 촬영해 놓은 사진들로 달력을 만들기도 한다. 그렇게 만든 우리만의 달력을 책상에 비치하고 각 단원의 생일마다 붙어있는 큰 바위 얼굴들을 보며 생일을 축하해주고 있다. 이런 것이 바로 일회성 대외활동을 넘어선 평생의 인간관계라 생각한다. 만약 내가 해외봉사를 이들을 통해 만나지 못했다면, 우리는 그냥 스쳐 지나가는 인연으로 그치지 않았을까? 하지만 우리는 만났고 해외봉사라는 귀한 경험을 함께했

다. 우리는 남들이 공유할 수 없는 시간을 땀 흘리며 공유했고, 평생을 간직하고픈 훈장들을 가슴속에 고이 달았다. 우리는 평생을 함께해야 할 조건을 갖춘 셈이다.

대외활동을 하다 보면 하나의 일회성 이벤트 정도로 생각하는 사람들을 만난다. 하지만 대외활동은 생각보다 많은 책임감을 지워준다. 또한 한번 인연을 맺은 사람들을 내 사람으로 만들지 못한다면, 대외활동을 하지 않은 것만 못하다고 생각한다. 당시만 해도 남자 막내였던 나는 어느새 대학생 모임 자리에서 최고연장자가 되었다. 그리고 해외봉사를 함께했던 대다수의 단원은 대학생에서 직장인으로 거듭나 멋진 사회생활을 하고 있다. 시간은 흐르고, 우리는 예전과는 많이 달라졌다. 하지만 해외봉사 당시처럼 여전히 마음만은 대학생이다. 앞으로 이들과 평생을 그때 그 마음으로 함께하고 싶다.

KEYWORD 50
멘티

오 나의 멘토님

"인간은 하나의 입과 두 개의 귀가 있다. 말하는 것보다
두 배로 들으라."

- 탈무드

멘토 열풍이 매서웠다. 누구나 한 명쯤의 멘토는 있어야 한다는 분
위기였다. 나 역시 멘토가 필요하다고 생각했다. 그렇다면 멘토란 과
연 어떤 사람일까? 사회지도층이 됐든 주변 지인이 됐든 나에게 방
향을 제시하는 등대 같은 역할을 하는 사람이 바로 멘토라고 볼 수
있다. 나는 거인의 어깨에서 세상을 바라볼 수 있도록 도와줄 멘토가
필요하다고 생각했다. 내가 보지 못하는 세상을 보고 계신 분의 안목
이 청춘이란 길을 걷고 있는 나에게 귀한 등대가 되리라 믿어 의심
치 않았다.

때마침 한국장학재단에서는 의미 있는 '코멘티'라는 프로그램을
진행하고 있었다. '코멘티' 프로그램이란 사회지도층 인사와 우수 대
학생 간의 멘토링을 통해 꿈과 열정, 바른 품성과 리더십을 갖춘 인

재로 성장하도록 지원하는 한국장학재단의 멘토링 프로그램이다. 리스트에 올라와 있는 멘토들을 보니 엄청난 분들이 대거 포진하고 있었다. 그토록 원하던 멘토를 만날 수 있다는 생각에 나는 기분이 들떴다.

몇 지망의 기준이 있었고, 나는 몇 분을 염두에 두고 엄청난 양의 지원서를 작성했다. 지원자가 많지 않을 줄 알았는데, 생각보다 많은 사람이 지원해서 경쟁률이 꽤 됐다고 한다. 그 말인즉 멘토에 대한 욕구가 우리가 생각하는 것 이상으로 크다는 증거가 아닐까? 이 시대는 힐링이라는 단어를 쓰는 데 혈안이 되어 있고, 아프지 않으면 청춘이 아니라는 말처럼 나의 아픈 구석을 치료해 줄 누군가를 바라는 마음이 멘토 열풍이 되지 않았나싶다.

잘된 건지 아닌 건지 내가 지망했던 멘토와 연결되지 못했다는 통보를 받았다. 어찌 됐건 간에 합격은 되었지만 원하는 멘토가 되지 않았다는 데 실망이 컸다. 그렇지만 하늘은 나를 더 좋은 길로 인도해주었다. 인텔코리아의 이희성 대표님이 멘토로 내정되었다는 것이다. 너무나 감사한 일이었다. 사실 멘토님에 대해 잘 알지 못하여 검색을 통해 알게 되었는데, 사회공헌 활동을 열정적으로 하시는 분이라는 것에 기대감을 감추지 못했다. 이것도 운명이니 나의 멘토님을 잘 따르리라 다짐하고 첫 만남을 기다렸다.

멘토님은 내가 생각한 것 이상으로 유쾌하고 깨어있는 분이셨다. 사원부터 시작하여 외국계 기업의 대표까지 된 분이셨다. 삶의 원칙이 확고하신 분으로 우리에게 아버지 같은 멘토가 되어주셨다. 부모님의 이혼으로 인해 어머니와 살던 나에게 멘토님은 자상한 아버지의 역할을 성실히 수행해주셨다. 매달 한 번씩 있는 멘토링 날이 기다려지면서 신입생 시절 미팅에 나가기 전날만큼 가슴이 콩닥거렸다.

그러던 어느 날, 매사 우리 이야기를 들어주려 노력하시던 멘토님이 필드 트립이라는 미션을 제안하셨다. 멘티들이 여러 장소를 제안했는데, 그중 제주도 한라산 정복에 모두가 꽂혔다. 사실 제주도에 가려면 비용부터 일정까지 멘토님의 부담이 커서 이만저만 걱정이 아니었다. 하지만 우리를 위해 흔쾌히 제주도 비행기부터 숙박, 제주도 흑돼지까지 모든 것을 손수 예약하시고 일거수일투족 우리를 챙겨주시는 멘토님의 따뜻한 마음을 느낄 수 있었다.

제주도에 도착한 다음 날, 우리는 목표인 한라산 정상을 향해 걷고 또 걸었다. 밀고 당기고 의지하며 걷는 수 시간의 등반 끝에 우리는 한라산 정상인 백록담을 눈앞에 마주할 수 있었다. 산 정상을 향해 걸을 때 힘든 순간이 몇 번이나 찾아왔지만, 멘토와 멘티 간의 유대감과 응원으로 멋지게 정복할 수 있었다. 하산할 때는 결빙으로 인해 미끄러운 코스가 있어 다소 애를 먹었지만, 힘든 과정을 이겨내고 올라온 만큼 내려가는 것쯤 어려울 것이 없었다.

멘토님은 이 외에도 리더십캠프에 참가하여 장기자랑으로 멘티와 함께 난타를 연주하는가하면, 일 년여의 멘토링 활동이 끝난 후에도 우리를 자주 호출하여 멘토링 시간을 따로 갖고 계신다. 사회지도층으로서 바쁜 시간을 할애하는 것도 어려운 일이겠지만 평생을 우리와 멘토와 멘티로서의 관계를 유지하실 분이란 것을 말을 하지 않아도 느낄 수 있었다.

근래에 들어 멘토링에 회의적인 반응이 있는 것도 사실이다. 하지만 나와 같은 결핍을 가지고 있고 상생에 대해 고민하고 있는 친구가 있다면, 보다 많은 경험과 보다 넓은 혜안으로 세상을 바라보는 분들에게 멘토가 되어달라고 먼저 손을 내미는 것을 주저하지 않았으면 좋겠다. 지금 당신 곁에 존경할 만한 인생 선배가 있다면 그 사람은 당신의 멘토는 될 수 있다. 그러니 용기를 내 나의 멘토가 되어 달라고 먼저 손을 내밀어 보라.

KEYWORD 51
멘토

멘토의 자격

"스스로를 존경하면 다른 사람도 당신을 존경할 것이다."
- 공자

사회지도층만 멘토의 자격이 있을까? 그렇지 않다. 부모님이 될 수도 있고, 동네 오빠, 동생도 될 수 있다고 생각한다. 케어플러스라는 잡지사에선 얼마 전 안철수 같은 사회지도층이 아닌 동네 철수도 멘토가 될 수도 있다는 프로그램을 기획하고 나를 연사로 초대해 주셨다. 그만큼 우리 곁에 있는 그 누구라도 멘토가 될 수 있다.

한참 고민이 많았던 시기 멘토를 만남으로써 아버지와 같은 따뜻함을 느끼며 고민을 풀어나가던 나는 캠퍼스를 거닐다가 작은 A4용지의 공고문을 발견했다. 서대문경찰서에서 서대문구 내 청소년들을 위한 멘토링 프로그램을 기획하여 대학생 멘토를 모집한다는 내용이었다. 멘토를 두고 있는 멘티인 내가 다시 멘토가 될 수 있을까? 잠시 생각했는데 그들에겐 오히려 나 같은 사람의 멘토링이 가장 절실할 것이라는 결론에 도달할 수 있었다.

알다시피 나 역시 청소년기 시기 엄청난 결핍 속에서 길을 잃고 헤맸었다. 하지만 비행할 수 있는 시간에 꿈을 향해 달림으로써 결핍의 정글을 헤집고 나와 기회를 만들어낼 수 있었다. 비록 나는 사회 지도층이나 성공한 사람은 아니었지만, 오히려 청소년들에게는 동네 오빠, 형 같은 대학생 멘토가 큰 힘이 될 수 있으리라 확신했다. 나는 내 스토리를 자기소개서에 적고 서대문경찰서에 직접 방문하여 대학생 멘토로 지원했다. 몇 주 뒤 대학생 멘토로 합격했단 통보를 받게 되었다. 멘토를 찾던 내가 멘토가 되다니, 나도 누군가에게 꼭 필요한 도움을 주고 싶었다.

멘토링을 시작하고 나는 '지우'라는 앳된 중학생 멘티를 만났다. 친구들에 비해 키가 크고 호리호리한 체구여서 마치 모델을 보는 것 같았다. 이야기를 나누다 보니 역시나 꿈이 모델이라고 했다. 내가 해줄 수 있는 것을 곰곰이 생각해보다 지인 중에 무한도전에도 출연했던 백지원이라는 모델이 떠올랐다. 나는 바로 지우에게 백지원을 소개시켜 주기로 약속했다. 모델 지원이에게도 이러한 이야기를 전달했더니 흔쾌히 만나고 싶다는 의사를 알려왔다.

며칠이 지났을까 역사적인 시간이 찾아왔다. 지우는 자신의 꿈을 실현 중인 모델 지원이를 보고 상기된 얼굴로 행복감을 드러냈다. 서로는 내가 있든 없든 이야기꽃을 피우기 시작했다. 모델이 되려면 어떤 준비를 해야 하며, 모델이 되면 어떤 어려움이 있는지 등 지우는 그동안 혼자 막연하게 궁금했던 것들을 마음껏 쏟아내며 자리가 무르익었다. 그런데 놀라운 것은 이 둘은 같은 아파트에 살고 있었고,

알고 보니 바로 옆 동에 거주하는 이웃 주민이었다. 그리고 둘 다 기독교인으로서 신앙도 굳건했다. 분명 내가 없었어도 이 둘은 만날 운명이었을 것이다. 하지만 운명의 '운(運)'자가 운전할 운자이듯 운명을 운전해준 기사가 내가 될 수 있다는 것이 감격스러웠다. 동네에서 스쳐 지나갔을 그들의 운명을 이끌어준 것이 멘토로서의 내 역할이었다. 나는 이 아름다운 순간을 마음에 기록했다.

나는 이후부터 이들과 교회도 같이 다니며 제2의 멘토링을 하고 있다. 그리고 이 일을 계기로 나의 특기라고 할 수 있는, 사람을 연결해주는 일들을 추진했다. 누군가의 도움이 필요한 사람에게 가장 맞는 사람을 소개해주는 것으로 일종의 '소개 멘토링'이었다. 이후 나는 서대문경찰서 서장님으로부터 감사장을 받게 되었다. 멘토를 찾던 멘티가 어느덧 멘토가 되어 감사장을 받는 순간이었다. 언제까지나 받기만 하겠다는 생각에서 탈피해 받은 만큼 돌려주겠다는 마음이 나를 멘토로 도전하게 만들었다. 자신을 너무 과소평가하지 말자. 당신은 생각보다 많은 재능을 갖고 있고, 지금이라도 누군가를 도울 수 있는 강한 팔을 갖고 있다. 없는 것에 불평 말고 있는 것에 감사하며 살자. 항상 자랑스러운 멘토가 되겠다는 마음가짐으로 살면 못해낼 것 하나도 없다.

재능기부

소년이여 희망을 가져라!

"소년이여 야망을 가져라"

- 윌리엄 S. 클라크 박사

'Boys be ambitious!'라는 명대사를 기억하는가? 영화 『죽은 시인의 사회』에서 키튼 선생님은 학생들에게 '소년이여 야망을 가져라!'라는 명대사를 던졌다. 야망이란 분명 좋은 자극임이 분명하지만, 잠깐의 실수로 후회 속에 사는 친구들에게는 뜬구름 잡는 이야기일 수 있을 것이다. 그래서 나는 '소년이여 희망을 가져라!'라고 말하고 싶다.

얼마 전 '타임머신이 있다면 과거로 가겠는가?'라는 질문을 받았다. 하지만 나의 대답은 '가지 않겠다.'였다. 영화 『벤자민 버튼의 시간은 거꾸로 간다』의 대사 중에 이런 대목이 나온다. "다시 젊어진다면 바꾸고 싶은 게 많아요, 실수도 바로 잡고요." "어떤 실수요?"

"기다리기만 했어요, 뭔가를 할 수 있는 때가 저절로 찾아올 거란 환상을 갖고 젊은 시절을 허비해버렸죠."

조지 버나드쇼는 말했다. '젊음은 젊은이에게 주기 너무 아깝다.'

고. 타임머신은 이미 젊은 날을 후회하기 시작한 사람에게 필요한 기계라고 생각한다. 하지만 이미 자신이 처한 상황을 후회하고 있는 청춘들에겐 어떨까? 타임머신을 준다면 지금이라도 당장 과거로 돌아가고 싶을 것이다. 하지만 애석하게도 아직 타임머신이라는 기계는 개발되지 않았다. 그렇다면 지금이라도 청춘을 후회하지 않게 살아야 하지 않을까?

이러한 생각으로 나는 소년원에 재능기부를 하기 위해 토크 콘서트를 기획했다. 나 또한 중고등학교 시절 고시원 방에 살며 방황했었고, 이른 나이에 술이며 오토바이 등을 배워 어머님 속을 많이 썩여드렸다. 하지만 꿈을 찾고 나서는 내 길을 열정적으로 준비할 수 있었다. 이런 나의 스토리가 분명 누군가에게 희망이 될 거라고 생각했다.

나는 나의 열정 친구들인 TAYP(Talk About Your Passion)에게 도움을 구했고, 그들은 흔쾌히 나와 함께 소년원 아이들에게 힘을 주겠다고 약속해주었다. 그들 중에는 디즈니 음악을 사랑하여 M&M이란 음악 단체를 만든 이지영이란 친구가 있다. 그 친구는 강연 중간 중간에 디즈니의 OST로 희망을 주겠다고 했다. 강연과 공연이 어우러진 토크 콘서트의 밑그림이 그려졌다. 그리고 나는 서울소년분류심사원에 이 내용을 가지고 제안을 했다. 아니나 다를까 원장님을 포함 행정담당 직원들께서 너무나 반갑게 우리의 제안을 받아주셨다. 아이들에게 이런 좋은 기회가 필요했지만 번번이 큰 비용을 들여 이런 자리를 만들 수 없음을 아쉬워하고 있었다고 했다.

신분검사를 마치고 들어간 서울소년분류심사원은 생각보다 밝은 분위기여서 놀라웠다. 굉장히 침울하고 어두울 줄로만 생각했는데 내 고정관념이 깨졌고, 이곳에도 희망이 있겠구나 싶었다. 리허설을 하고 음향장비 등의 준비를 마친 후 학생들을 맞이했다. 남자 아이들은 짧게 깎은 머리를 하고 있어 흡사 군대 같은 느낌이 들었지만, 여자 아이들은 염색을 하거나 제각각의 머리를 하고 있었다. 만일의 사고를 대비하여 여자 아이들은 앞자리에, 남자 아이들은 뒷자리에 좌석을 구분해 서로를 침범할 수 없게끔 배치를 했다.

강연에 앞서 원장님과의 짧은 대화시간이 있었는데, 자신이 이야기하면 1분도 듣지 않고 딴짓을 한다며 아마 길어야 10분 정도 집중할 거라고 너무 크게 실망하지 말라고 당부하셨다. 그 말을 듣는 순간 도리어 오기가 생겼다. 반드시 학생들을 집중시키고 한 시간 남짓의 시간 동안 마음으로 소통하는 시간을 갖자고 다짐했다. 그리고 강연이 시작되었다. 나의 어릴 적 결핍의 순간들을 소개하며 어머니 이야기를 했다. 부모님의 이혼으로 고시원 방에 살던 지난날을 회상하며 나는 어머니에게 자랑스러운 아들이 되고자 열심히 살게 되었다며 경험에서 우러나온 이야기를 해주었다. 아니나 다를까 아이들은 내 이야기에 귀 기울였고, 생각했던 것 이상으로 집중하는 모습을 보이며 진심에서 우러나온 질문도 던졌다. 강연 뒤 M&M 단체에서 '지금 이 순간'을 연주해주었다. 학생들의 표정은 사뭇 더 진지해졌다. 그리고 가사를 한 글자 한 글자씩 곱씹으며 희망을 갖는 모습을 볼 수 있었다. "지금 이 순간/마법처럼/날 묶어왔던/사슬을 벗어 던진다/지금 내겐/확신만 있을 뿐/남은 건 이제 승리뿐/그 많았던/비난과 고난을/떨치고 일어서/세상으로 부딪혀 맞설 뿐" 짧은 순간이 었지만 이들에게 오늘의 시간은 분명 희망의 시간이 되었을 것이다.

강연을 모두 마치자 원장님께선 지금까지 이렇게 집중하는 모습을 본 적이 없었다며 감사하다는 말씀을 전해주셨다. 아무래도 나이 차가 크지 않은 형·오빠가 이야기하는 거라 더욱 집중한 것 같다며, 다음번에도 부탁한다고 우리를 또 초대해주셨다. 그렇게 4차례 이상 우리는 구성을 바꿔가며 아이들과 교류하였다. 아이들은 우리에게 제법 두께가 되는 A4용지 묶음을 선물로 주었다. 자세히 보니 학생들이 우리에게 써준 편지였다.

"강연을 보면서 내 꿈은 내가 택할 것이라고 마음을 먹었습니다. 세상 흘러가는 대로가 아닌 내가 생각한 대로 살아갈 것입니다. 정말로 멋진 꿈을 꾸게 해주신 것, 내가 선택한 꿈이 꼭 이루어지도록 후회되는 삶을 살지 않겠습니다." 어느 여학생의 편지가 눈에 들어왔다. 가진 것은 없어도 희망을 줄 수 있다는 내 믿음이 틀리지 않았다. 앞으로도 내 경험을 학생들에게 힘을 주는 데 쓰고 싶어졌다. 이 글을 보고 있는 당신의 스토리도 누군가에게 희망이 될 수 있다는 것을 잊지 않았으면 좋겠다.

동방예의지국의 국민이라면

"베푸는 행위를 의무가 아닌 특권으로 여기라"

- 존 D. 록펠러 주니어

공자의 소원이 무엇이었을까? 놀랍게도 공자의 소원은 뗏목이라도 타고 조선에 가서 예의를 배우고 오는 것이었다고 한다. 중국은 예로부터 우리를 동방의 위치한 예의지국이라 하여 동방예의지국이라고 불렀다고 한다. 그런 조상들의 후손인 만큼 국가를 위해 한 몸을 바치신 어르신들에게도 예를 다해야 한다고 생각한다.

신입생 시절 경기대학교 수원캠퍼스에서 학업을 시작한 나는 항상 버스를 타고 학교까지 등교했다. 그러면 지나가는 길에 '수원보훈지청'이라는 작은 건물과 크게 조성되어 공사 중인 국립보훈원을 마주치게 된다. 당시 그곳이 무엇을 하는 곳인지 전혀 몰랐고 관심 또한 없었다. 그렇게 시간이 흘러 군을 제대한 나는 그곳에 대해서 자세히 알게 되었고, 그곳이 궁금해지기 시작했다.

그러던 어느 날 수원보훈지청에서 인근 대학 학생들로 이루어진

'나라 사랑 앞섬이 봉사단'을 모집한다는 공고를 올렸다. 관심이 있던 찰나 그것을 발견한 나는 내가 회장으로 활동 중인 경기대학교 홍보대사 '기대주' 친구들에게 이 사실을 알리고 가입 신청서를 냈다. 인근 아주대학교 응원단 센토에서도 관심을 가져 이 두 단체가 나라 사랑 앞섬이 봉사단이란 이름으로 활동을 하게 되었다. 우리는 보훈지청 선생님께서 주시는 봉사를 성실히 수행했다. 예를 들어 어르신들을 위한 크리스마스트리 만들기와 편지쓰기, 독거노인 집 안 청소, DMZ 안보견학 등을 수행했다.

그런데 보훈지청 선생님께서 어르신들을 위한 작은 파티를 열어드리고 싶다는 이야기를 전해주셨다. 하지만 당시 나는 여러 가지 일들이 겹쳐있어서 흔쾌히 이를 수락하지 못했다. 하지만 며칠이 지나도 그 생각이 머릿속에서 떠나지 않았다. 그래서 선생님께 제가 한번 해보겠다고 말씀을 드렸다. 1~2학년 때 아무 생각 없이 지나치던 곳에서 내가 중심이 되어 멋진 페스티벌을 열게 될 줄 누가 알았겠는가?

나는 어르신들이 좋아할 만한 내용으로 구성을 짜보기로 했다. 간식거리를 선물로 준비하는 것은 물론 공연 구성에서 어르신들이 재미있어할 만한 요소들을 찾아 넣어가며 욕심을 냈다. 그래서 내가 아는 지인들을 총동원했다. 교내 마술동아리의 마술쇼, 뮤지컬을 하는 형님께 부탁한 노래공연, 아주대 응원단 센토의 화려한 응원 쇼. 그리고 아름다운 장면을 담아줄 경희대 방송부 친구들까지 어느 정도 구성이 되어 담당자 선생님께 말씀을 드리니 수원 내에서 활동 중인 사물놀이단까지 섭외해 주신다고 하셨다.

이렇게 해서 '슈퍼스타 보훈 페스티벌'이라는 행사 준비가 완료되었다. 행사 당일 곳곳에 풍선을 달고 좌석 세팅을 마무리하고는 나는 MC로서 사회를 보게 되었다. 시간이 되어 하나둘 모이는 어르신들의 모습이 너무나 즐거워 보이셨다. 손자뻘인 학생들이 자진해서 수업까지 빼가며 어르신들을 위해 행사를 기획했다는 이야기에 손주 다루듯 엉덩이도 두들겨주시며 예뻐해 주셨다. 행사가 진행되면서 어르신들은 웃음꽃이 만발했고, 우리 역시 아름다운 시간을 함께 보냈다. 마지막으로 아리랑을 부르며 큰절을 드리면서 모든 행사는 마무리됐다.

몇 달 뒤 '나라 사랑 앞섬이 봉사단' 활동이 모두 끝나고 해단식을 하는데 우리는 예정에도 없던 선물을 받았다. 바로 '표창장'이라는 선물이었다. 상장을 바라고 했던 일도 아니었고, 봉사시간을 채우려 했던 일도 아니었다. 순수한 마음에 시작한 일이었다. 무언가를 바라고 한 일이 아니었다. 우리나라를 위해 희생하고 봉사하신 어르신들에게 내 작은 봉사로 기쁨을 드릴 수 있었다는 건이 기쁠 다름이다.

혼자가 아닌 우리

"재능은 게임에서 이기게 한다. 그러나 팀워크는 우승을 가져온다."

- 마이클 조던

처음으로 프로젝트를 기획하기 시작한 초짜 시절부터 경험이 쌓여 어느 수준에 이른 기획자가 되기까지 난 우매하게도 모든 기획은 나로부터 시작되어 나로 끝난다는 착각에 빠져있었다. 하지만 어느 지점에 이르자 나는 그것이 말도 안 되는 나만의 착각이었음을 깨닫게 됐다. 그 사실을 깨닫게 된 것은 두 번째로 일반인 단원 모집으로 진행했던 아리랑 유랑단 이탈리아 프로젝트 때였다. 처음으로 일반인 단원을 모집 운영하여 성공적으로 마쳤던 뉴욕 프로젝트 다음이었는데, 나는 어리석게도 여러 스태프와 함께 성공했던 뉴욕 프로젝트를 잊어버리고 이젠 혼자서도 모든 프로젝트를 운영할 수 있다고 자만했다. 그렇기에 모집부터 운영, 관리까지 모두 혼자 감당하였는데, 거기서부터 잘못된 것임을 너무 늦게 알아버렸다.

　당시 아리랑 스쿨 이사와 담당 매니저가 이직하면서 국내 모든 일에 대한 책임을 져야 했던 나는 이탈리아 여행 도중 촬영 감독, 무용 감독님께 내 권한을 넘기고 한국으로 돌아와 버렸다. 결과적으로 남아있던 스태프들은 내가 아는 만큼의 정보 등을 알지 못했을 뿐더러, 이 프로젝트의 목적도 불분명했기에 이는 고스란히 무관심 속에 단원들을 방치하는 결과로 귀결되었다. 이는 내 인생에 오점이 되었다. 이때부터 나는 아리랑 유랑단을 혼자가 아닌 우리라는 키워드로, 나와 비전을 공유한 스태프들과 함께 준비하고 운영하기 시작했다. 그 결과 베트남, 칠레를 거쳐 2018년 7월에는 유럽 프로젝트라는 명명 아래 1기 36명, 2기 12명을 스태프 6명이 성공적으로 이끌고 다녀오면서 프로젝트를 훌륭히 마칠 수 있었다.

스태프 인원을 줄이면 수익이 늘어나 회사 차원에서는 이익으로 보일지 모르지만 그만큼 손해가 크다는 것을 알게 만들어준 사건 덕분에 이제는 모두가 각자의 역할을 수행해야 제대로 된 프로젝트가 성사될 수 있다는 사실을 알고 있다. 우리에게는 공연연습과 현지 공연을 통솔해줄 무용 감독님이 필요했고, 모든 예술적 내용을 총괄해줄 예술 감독님이 필요했으며, 일거수일투족 우리의 순간순간을 촬영해줄 사진, 영상감독님이 계셔야 했고, 단장의 지시를 전달하며 단장과 단원 사이를 중재해줄 책임 매니저님이 있어야 했다. 나의 잘남과 재능은 어쩌다 운이 좋게 승리할 순 있어도 우승을 만들어주진 못한다.

물과 다이아몬드

"남편을 만나기 전, 사랑에 몇 번 발을 들여놓은 적은 있었지만 사랑에 빠진 적은 없었다."

- 리타 러드너

연애나 결혼도 하지 않은 내가 사랑에 대해 이야기하려니 분수를 모르는듯하지만 나에겐 나름대로 기준이 있고, 아직 사랑다운 사랑을 하지 못한 청춘들에게 나의 기준을 나누고 싶어 이야기를 해보려 한다. 당신은 어떤 사랑을 찾고 있는가? 어떤 대상을 원하는가를 정리해보면 좋다. 우선 당신이 생각하는 사랑의 기준을 생각나는 대로 나열해보길 바란다. 다음은 내가 나열해본 사랑의 기준이다. 외모, 몸매, 재력, 학력, 종교, 부지런함, 꾸준함, 매너, 센스, 현명함, 경청 등등. 이런 수많은 기준이 정해졌다면 그중에서 버릴 수 없는 다섯 가지를 추려보자. 그리고 그런 대상을 찾아보길 바란다. 그런데 세상 어디에도 내가 추린 기준을 완벽하게 갖춘 사람을 찾을 수 없을 것이다. 나조차 완벽하지 않은 사람인데 상대방에게 완벽함을 바라다니 그만큼 이기적인 사람이 어디 있는가? 그렇다면 우리는 어떤 사람을 만나야 할까? 다섯 개의 기준 중 절대 포기할 수 없는 한 가지를 선택해보자. 그것이 외모가 됐든 성실함이 됐든 당신이 평생 포기하지 못할 것 같은 한 가지를 선택하는 것이 훗날 덜 후회하는 방법일 것이다. 하지만 그 한 가지를 찾는 것도 참 어려운 문제이다.

여기 한 가지 사례가 있다. 물과 다이아몬드 중 무엇이 우리에게 중요한가? 당연히 물이다. 하지만 다이아몬드가 훨씬 가격이 비싸다. 이유는 간단하다. 물은 한계효용 체감의 법칙이 통용된다. 이 말이 무엇이냐면 물은 첫 잔을 마실 때와 다음 잔을 마실 때 계속 맛이 덜하고 배가 부른다. 그리고 물 부족 국가가 아닌 이상 물 자원은 풍부하기에 어디서든 쉽게 구할 수 있다. 하지만 다이아몬드는 어떠한가? 한정적이다. 물과 비교하면 한계효용 체감의 법칙이 덜 적용된다.

그렇다면 우리는 어떤 사람을 사랑해야 하는가? 나에게 꼭 필요한 물 같으면서도 다이아몬드와 같이 시간이 지나도 가치 있는 다이아몬드 같은 사람이다. 나는 그런 사람을 '가치관'이 같은 사람이라고 생각한다. 아무리 얼굴이 잘생기고 몸매가 좋아도 나와 생각하는 것이 정반대이면 짧은 연애는 괜찮아도 오래된 사랑은 어렵고 위험하다. 그렇기에 우리는 가치관을 기본적으로 필요한 물로 정해두고 앞서 여러분이 생각한 한 가지, 평생 포기하지 못할 다이아몬드를 찾는다면 분명 자기에게 꼭 맞는 좋은 사람을 만날 수 있을 것이다.

배움을 주는 친구

"친구는 또 다른 자신이다."

- 아리스토텔레스

끼리끼리란 말이 있다. 비슷한 무리끼리 어울린다는 뜻이다. 주로 그 사람 옆에 있는 사람을 보면 그 사람이 어떤 사람인지 알 수 있다. 예를 들어 강연을 하다보면 자는 친구 옆에는 꼭 자는 친구가 있고, 핸드폰을 하는 친구 옆에는 꼭 핸드폰을 하는 친구가 있다. 서로 취미나 하는 행동이 비슷한 것이다. 내 곁에는 내가 우울할 때 금방이라도 뛰어와 줄 수 있는 친구가 여러 명 있지만 그중 2명을 소개하고자 한다.

나에겐 이동진이란 친구가 있다. 이 친구에게는 대한민국 최연소 아마존 마라톤 완주라는 타이틀이 있다. 이 친구가 처음 아마존 마라톤을 뛴다고 했을 때 누구 하나 응원해주는 사람이 없었다고 한다. 오히려 미쳤다고, 너 그러다 죽는다며 걱정하는 사람들밖에 없었다고 한다. 그런 그가 수십여 명이 뛰는 마라톤에서 11명의 완주자 중

 한 명이 되어 한국에 돌아왔을 때, 사람들은 출국할 때와는 상반된 반응을 보였다고 한다. 박수를 쳐주며 해낼 줄 알았다는 칭찬 일색이었다는 것이다. 비록 지금 하는 일이 힘들거나 누구 하나 믿어주는 사람이 없어도, 자신의 스토리로 만들어 증명해 보이는 이 친구를 만나면서 나는 누군가 미쳤다고 하는 일은 증명하면 되는 일이라는 것을 배우게 되었다.

두 번째로 소개할 친구는 이용현이란 친구다. 이 친구의 꿈은 한의사였다. 하지만 점수가 안 되어 한의대에 지원하지 못하고 점수에 맞춰 대학에 가게 되었다. 원치 않았던 대학생활도 잠시 자신의 꿈을 위해 반수를 결심했다. 그리고 상경해 강남 8학군이라 불리는 곳에 있는 학원에서 기숙생활을 하며 공부를 했다. 그런데 결과는 표준점수가 1점밖에 오르지 않은 수모를 겪었다. 다시 이를 악물고 심기일전한 끝에 점수를 올렸지만 역시 한의대 점수에 못 미쳤고, 부모님의 걱정에 또 다른 대학에 입학했다. 하지만 그의 도전은 끝나지 않았고 부모님 몰래 삼수를 하기로 마음먹었다. 매일 고시원 방에 틀어박혀 밖에 나가는 일이라고는 3분 카레를 사먹는 일밖에 없었던 그는 결국 삼전사기 끝에 원하는 한의대 입학에 성공했고, 지금은 자기의 꿈인 한의사를 하고 있다. 나는 이 친구를 통해 안 되면 될 때까지라는 정신을 배우게 되었다.

내 친구 둘을 보면서 이 둘을 친구로 둔 나는 그들과 같은 점이 뭐가 있을까? 의문이 들 것이다. 나는 아마존을 뛰지도 않았고, 한의사의 길을 걷지도 않았다. 그럼 뭐가 닮아서 끼리끼리란 말을 하는가? 정답은 간단하다. 나는 늘 곁에 내가 배우고 싶은 사람을 두고 싶었다. 친구이지만 배울 점이 많은 사람. 이것이 곧 내 연애관이기도 한데 내가 그들보다 어떤 부분에선 못하지만 그들의 좋은 점을 보며 성장할 수 있었으니 더 없이 고마운 친구들이다. 당신 곁에는 지금 누가 있는가? 공통점을 가진 친구도 좋지만, 당신에게 영감을 주고 자극을 주는 배움의 친구를 만들어보자.